마광수의 뇌 구조

Dangerous
Philosophy

마광수의
뇌구조

마광수 지음

오늘의책

문학은 도덕적 설교도 아니고 당대의 가치관에 순응하는 계몽서도 아니다. 문학은 기성 도덕에 대한 도전이어야 하고 기존 가치 체계에 대한 창조적 불복종이요, 창조적 반항이어야 한다.

지금은 다수를 위해 소수가 희생돼도 괜찮은 시대가 아니라 소수의 돌출된 창의성을 위해 다수가 너그러워져야 하는 시대이다.

<서시序詩>

왜 뱀은 구르는 수레바퀴 밑에 자기 머리를 집어넣어
말벌과 함께 죽어버렸는가?

말벌이 뱀의 머리 위에 앉아 침으로 계속 쏘아댔으므로
뱀은 아파서 견딜 수 없는 지경에 이르렀다
그러나 아무리 생각해봐도 복수할 방법이 없었으므로
뱀은 구르는 수레바퀴 밑에 자기 머리를 집어넣어
말벌과 함께 죽어버렸다

뱀과 말벌의 관계는
나와 문학과의 관계
현실과의 관계
나를 괴롭히고 고민하게 만드는
그 모든 것들과의
관계와도 같다

그러나 나는 죽음이 두려워

현실이라는 거대한 늪에서

헤어나오지 못하고 있는 서글픈 존재이다

과연 나는 현실에서 벗어날 수 있을까

적敵을 깨부숴버릴 수 있을까

과연 나는 말벌과 함께 죽는

뱀의 우렁찬 용기를 가질 수 있을까

2011년 7월

마광수

Ⅰ. 마광수의 세계관_011

이 세상은 섹스로 이루어져 있다

"섹스 없이는 먹는 것도 불가능합니다. 우리가 먹는 음식은 모두 동식물이 번식을 위해 섹스를 하여 생산해놓은 씨앗, 열매, 고기이기 때문입니다. 그러므로 식욕 이전에 성욕이고 성에 고프지 않을 때 건강한 정신 상태를 유지할 수 있습니다."

Ⅱ. 마광수의 여성관_031

나는 야한 여자가 좋다

"저는 손톱이 무지 긴 여자한테 맥을 못 춥니다. 그리고 그로테스크한 화장과 현란한 피어싱, 염색, 뾰족 구두 등……. 하지만 가장 중요한 것은 역시 '속'이 야해야 한다는 것이죠. 또 잘 핥고 잘 빨아야 해요."

Ⅲ. 마광수의 섹스관_051

섹스는 재밌는 놀이다

"내가 제일 싫어하는 게, '섹스 왜 했냐' 물으면 '허무해서 그랬다'는 식으로 쓰는 수법. 대표적으로 무라카미 류가 그렇지. 나는 그게 아니거든. 성은 무조건 즐겁다는 거야. 그래서 명랑하게 나가잖아. 『돌아온 사라』도 얼마나 명랑해. 사회에서 소외되었기 때문에 할 수 없이 섹스로 도피한다는 건 핑계야. 면죄부를 받는 수단이지. 신나게 야하게 묘사한 뒤에 '아, 허무하다' 이거면 돼? 섹스는 만날 소외되어 있을 때만 하나? 즐거울 때도 하지. 나는 다만 섹스는 즐겁다 이거야. 상상하는 것만으로도 즐겁지 않아?"

Ⅳ. 마광수의 문학관_073

한국은 문화적으로 촌스럽다

"나한테 문학은 그냥 카타르시스야. 나도 좋고 독자도 좋자 이거지. 나도 대리배설하고 너희도 대리배설해라 이거야. 교훈? 그런 거 없어. 문학은 오락 그 이상도 이하도 아냐. 인문학을 공부하다 보니까, 소설이고 뭐고 사랑 빼면 시체야. 근데 사랑이 뭐야, 따지고 보면 성욕이야."

Ⅴ. 마광수의 추억관_103

내가 흡입한 여자들

"『즐거운 사라』에 나오는 국문과 교수 '한지섭(사라 애인)'은 저의 분신이죠. 실제로 홍대 교수 시절, 사라 같은 미술대 여학생과 진한 연애를 했습니다. 솔직히 말해서 제자들과 연애를 가장 많이 했습니다. 그런데『즐거운 사라』필화 사건 이후론 사건 후유증 때문에 쭉 굶었지요."

Ⅵ. 마광수의 철학관_125

권태는 변태를 낳고 변태는 창조를 낳는다

"쾌락은 어떤 쾌락이든지 질리게 되어 있어. 그러나! 섹스만은 안 질린다. 인생도 뭐든 질려. 심지어 밥도 먹다 보면 질려. 하지만 섹스 자체는 절대 안 질려. 물론 한 여자 한 남자하고만 하면 질리겠지. 당연한 거 아냐? 사랑을 해도 권태가 있잖아. 권태와 변태. 권태로워지면 변태로워지고, 변태로워지면 창조가 나온다. 그게 내 명제야."

Ⅶ. 마광수의 미술관_203

예술은 '위압적威壓的 양심'과 '격노激怒하는 본능'을
비폭력적으로 중재하는 유일한 수단이다.

"손으로 비비고 문지르며 나이프로 긁어댈 수도 있는 캔버스 작업은 내게 진짜로 시원한 카타르시스를 선물해주었다. 그림이 잘되고 못되고를 떠나 우선 나 스스로 카타르시스의 즐거움을 맛보기 위해 붓을 휘둘러대었는데, 그러다보니 캔버스 작업은 대부분 즉흥성에 의존한 것들이 많다."

Ⅷ. 약력_227

다 나처럼 되라는 것이 아니다. 나 같은 사람도 있다는 것이다.

I
마 광 수 의 세 계 관

이 세상은 섹스로 이루어져 있다

"섹스 없이는 먹는 것도 불가능합니다. 우리가 먹는 음식은 모두 동식물이 번식을 위해 섹스를 하여 생산해놓은 씨앗, 열매, 고기이기 때문입니다. 그러므로 식욕 이전에 성욕이고 성에 고프지 않을 때 건강한 정신 상태를 유지할 수 있습니다."

Ⅰ-1

성공하려면 성욕을 충족시켜라. 섹스는 만병통치약이다. 아리스토텔레스도 카타르시스를 통한 스트레스 해소 방법을 얘기한 바 있다. 성욕이 충족되면 온몸에 활력이 생겨 매사에 적극적·진취적 자세로 임하게 된다. 마구마구 섹스하라. 실제적 섹스가 어렵다면 상상적 섹스라도 하라. 그것이 성공의 지름길이다. 섹스는 우리가 바라는 쾌락, 즉 행복의 정점頂點에 있다. 그러므로 일체의 죄의식 같은 것 없이 섹스를 즐길 수 있으면 지극한 행복을 쟁취할 수 있다.

Ⅰ-2

소위 명예욕이나 물욕物慾 같은 것들은 모두 다 성욕과 식욕의 원활한 충족을 위한 준비단계에 불과하다고 보는 것이 나의 입장이다. 그중에서도 성욕은 인간의 실존적 근거가 된다.

Ⅰ-3

인생의 행복은 성적性的 만족에 의해서 결정된다. 인간은 죽을 때까지 쾌락을 좇아 살아가는 존재다. 기쁜 마음이란 별 게 아니라 성적 포만감에 부수附隨되는 마음이다. 이성異性과의 실제적 성애가 어렵다면 야한 책이나 영화, 사진 등을 통해 스스로 나르시시즘적 환상의 자위행위에 빠져서라도 성욕의 대리배설을 도모해야 한다.

Ⅰ-4

사람은 누구나 10대에는 과자에 20대에는 이성異性에 30대에는 쾌락에 40대에는 명예욕에 빠지기 쉽다고 루소가 말했다는데, 이 말은 확실히 진리인 것 같다. 특히 지성인을 자처하는 사람들일수록 윤리 때문에 억제된 성욕을 대리적으로 충족시키려는 목적으로 학문이니, 예술이니 해 가며 명예를 추구한다. 40대에 종교에 빠지는 사람이 늘고 무슨 이념 같은 것에 빠지는 사람이 느는 것도 그 때문이다. 체면 때문에 성욕을 죄악시하고 겉으로 점잖은 척 거드름 부려가며 '고상한 명예'를 좇아다니는 것처럼 추악한 꼴은 없다.

Ⅰ-5

육체가 정신을 지배한다. 정신이 있다면 그것은 육체적 신진대사의 결과물일 뿐이다. 한방의학 이론에서는 '뇌'의 존재를 인정하지 않는다. 뇌를 지배하는 것은 5장6부이다.

Ⅰ-6

우리는 평생 동안 완벽한 성욕의 충족을 찾아 헤매며 살아간다.

Ⅰ-7

인간의 행복을 결정짓는 것은 '먹는 것'과 '섹스'와 '놀이趣味生活' 세 가지의 상호조화이다.

Ⅰ-8

인생의 행복은 오로지 성적 만족에 의해 결정된다. 명예, 돈, 권력 등 우리가 추구하고 있는 것은 여러 가지로 많지만 그것은 결국 '성의 자유로운 포식'을 위한 준비단계에 지나지 않는다. 정신적 행복감이란 허위의식에 가득찬 은폐일 뿐이다. 구체적인 행복감은 육체적 쾌락에서만 온다.

Ⅰ-9

현재의 가족제도는 인간에게 성적 굶주림을 가속화시키고 있다. 일부일처제는 사회적 타협에 지나지 않는다. 성욕은 억제될 수 있지만 그 자체를 없앨 수는 없다. 부모 자식 간의 사랑, 부부 간의 정신적 유대감, 가족의 단란함 등은 성적 불만족을 자위하기 위한 대상물代償物에 지나지 않는다. 결혼제도를 없애고 프리섹스로 가야 한다. .

Ⅰ-10

인간의 잠재의식 깊숙이 자리 잡고 있는 근원적인 욕망을 해소시켜주어야만 근본적으로 스트레스가 풀린다. 인간의 모든 정신적 갈등은 잠재의식 속에 쌓여 있는 두 가지 본능적인 욕구인 '성욕'과 '공격욕'을 풀어야만 해소된다. 사람들이 몰래 즐겨 보는 포르노 비디오들은 대개 사디즘과 에로티시즘이 뒤섞인 것들인데, 이러한 영화들이 성욕과 공격욕을 한꺼번에 대리배설시켜주는 까닭에서일 것이다.

Ⅰ-11

나는 젊은 여러분들에게 권하고 싶다. '창조적 방황'을 하라고. 직접적인 체험을 통해서든, 간접적인 체험을 통해서든, 독서와 사색을 통해서든, 젊은 시절은 끝없는 시행착오와 새로운 시도와 모험의 연속이어야 한다. 나중에 어른이 되면 결국 젊은 시절의 추억을 되씹으며 나날을 보내게 되느니 만큼, 많은 '추억거리'를 기억의 창고에 보관해두어야 한다.

Ⅰ-12

올바른 신념은 확실히 소중한 것이다. 그러나 자기 자신에 대한 끝없는 모색 끝에 얻어진, 먼 앞날을 투시할 수 있는 바른 결단과 행동으로서의 신념이 아니고서는, 사실 막무가내의 유아독존적 신념처럼 위험한 것은 없다. 지식인은 언제나 자신만만하고 단호하기 쉽다. 그리고 탐구적 방황과는 거리가 멀어지게 되는 것이다. 이 세상의 악과 불행은 이상理想의 결핍 때문에 비롯되지 않는다. 되레 모든 악과 불행은 잘못된 이상, 잘못된 신념으로부터 발생하는 것이다.

Ⅰ-13

죽으면 모든 것이 끝! 천국과 지옥이 어디 있으며 윤회 또한 어디 있으랴. 그러므로 죽기 전에 실컷 육체적 쾌락을 누려야 한다.

Ⅰ-14

육체가 배고플 때 정신이 맑아질 수는 없다. 육체가 배부르면 느긋해지고 객관적이고 철학적이 된다. 머지않은 미래에 가서는 '배고픈 소크라테스보다 섹스를 즐기는 돼지가 더 낫다'로 가치관이 바뀔 것이다.

Ⅰ-15

현대의 모든 병리현상. 예컨대 광신狂信의 증가, 폭력의 난무, 우울증, 노이로제, 각종 성인병암을 포함해서 등의 근원적 원인은 모두 다 '성욕의 불충족'에 있다. 성의 자유로운 충족이 이루어지면 윤리, 도덕 등 사회적 체면 때문에 억지로 성욕을 누르다가 생기는 각종 심신질환과 신경질적 급진주의 사상, 테러리즘, 종교적 광신 등을 없앨 수 있다. 언제 어디서 어떻게 하든 일체의 섹스 추구 행위가 모두 용납되어야 한다. 40~50대가 암이나 심장병으로 갑자기 죽는 것은 성적 굶주림에 따른 스트레스 때문이다.

Ⅰ-16

인간은 별 거 아니다. 다른 동물들처럼, 태어나서, 섹스하고종족보존하고, 죽는다. 그것이 전부다.

Ⅰ-17

인간은 '권태倦怠'를 극복하기 위해 '변태變態'를 창조해 내어 눈부신 문화발전을 이룩할 수 있었다. 진화론에서도 인간이 다른 유인원anthropoid들과는 다르게 고도의 사고능력과 언어능력을 가진 동물로 발전해간 근거로 '돌연변이mutation'를 든다. 그런데 이 돌연변이란 바로 '변태'에 다름 아닌 것이다.

Ⅰ-18

권태는 변태를 낳고 변태는 창조를 낳는다. 이른바 천재天才들은 다 일종의 변태들이다.

Ⅰ-19

우리가 외로울 때 절이나 교회에 가서 마음의 위안을 받게 되는 것은, 아가페적 사랑 그 자체만으로서가 아니라 에로스적 사랑이 종교와 더불어 충족되기 때문이다. 불교에서는 관세음보살상을 지극히 화려하게 치장한 여인의 모습으로 만들고 있고, 기독교에서는 성모 마리아의 초상이나 예수 그리스도의 초상을 될 수 있는 한 아름답게 그려내려고 애쓰고 있다. 교회에 여자들이 많이 나가는 것은 역시 이성으로서의 예수가 '아름답게' 느껴지기 때문이다. 예수는 서른세 살에 죽었기 때문에 '영원히 늙지 않는 미남 청년'의 이미지로 다가온다. 절 역시 마찬가지다. 석가모니는 여든 살에 죽었지만 석굴암을 비롯한 곳곳의 부처상은 가장 건강하고 원숙한 육체미를 보여주고 있다.

Ⅰ-20

자식에 대한 극진한 모성애를 갖고 있으면서도 남편을 보살피는 일이나 한 남편만을 고정적인 성적 대상으로 삼는 일엔 염증을 내는 '당당한 미혼모형型'의 여자가 늘어나고 있다. 남자의 경우엔 이런 형이 없다고 보는데, 그 까닭은 원래 동물계의 경우 수컷은 사정射精의 목적을 이루고 나면 짝에게서 도망가 새로운 짝을 구하는 것이 보통으로 되어 있기 때문이다.

Ⅰ-21

모든 여성은 당연히 모성애를 갖고 있어야 하고 결혼을 통해서 낳은 아기만이 축복을 받을 수 있다는 편견이 우리 사회를 지배하고 있다. 성적인 편견이 한 인간의 운명을 출생 이전부터 지배하고 있는 셈이다. 한시바삐 이런 편견에서 벗어나야 한다.

Ⅰ-22

사실 사디즘이나 마조히즘은 변태성욕이라기보다는 대자연을 지배하고 있는 근본 원칙이라고 할 수 있다. 약육강식으로 점철되는 이 야凡한 자연세계에서 모든 식물이나 동물은 사디스트나 마조히스트로 변신해 가면서 스스로의 실존을 영위해 나갈 수밖에 없는 것이다.

그러니깐 순수한 마조히스트도 있을 수 없고 순수한 사디스트도 있을 수 없다. 광신적 종교에 헌신하는 이들은 순수한 정신적 마조히스트라고 볼 수 있겠지만, 그들 중 상당수는 타 종교에 대한 적개심에 마음을 불태우고 있는 경우가 많은 것이다. 순수한 사디즘 역시 마찬가지다. '군사문화'는 사디즘에 속하는 것이지만, 군사문화에 길들여진 이들일수록 상부 권력에 대한 굴종이나 복종에서 마조히즘적 쾌감을 구하는 경우가 많다.

Ⅰ-23

풍자소설『데카메론』에 나오는 얘기처럼, 색色을 탐한 승려는 그 정직성을 인정받아 오히려 천당에 가고, 색을 절제한 승려는 위선죄에 걸려 지옥에 빠질지도 모르는 일이다.

Ⅰ-24

성에 대한 솔직한 관심의 표현과 직·간접적 추구는 인간의 운명을 바꿔놓을 수 있다. 인간은 생각하는 동물이기 이전에 감각하는 동물이므로, 감각의 기능을 극대화할 수 있는 성적 쾌감의 활용이야말로 인체의 창조적 기능을 가장 완벽한 상태로 이끌어 가기 때문이다.

Ⅰ-25

일찍이 허버트 마르쿠제Herbert Marcuse*도 성기독재性器獨裁 : genital tyranny야말로 인간의 창조성을 박탈하는 주범이라고 규정한 바 있다. 그는 성기에 집중된 성욕을 다시금 전신全身으로 되돌려놓아야 한다고 주장했는데, 이는 적절한 지적이 아닐 수 없다.

국가권력이 생겨나면서부터 지배계급은 민중들의 육체를 놀이가 아닌 노동의 도구로만 이용하기 위해 성도덕을 핑계로 성욕을 육체의 한 부분, 즉 성기에만 집중시키도록 강제하였다.

---

* 독일 태생의 미국 철학자이자 사상가.

I-26

경제적 선진국으로 갈수록 이혼률이 높아질 수밖에 없는 이유는, 인생의 목적에서 성적 쾌락추구가 차지하는 비중이 점점 더 커지고 있기 때문이다. 성적 쾌락추구의 면에서만 볼 때 가족적 연대감의 형성과 자식 기르기 위주의 기존의 결혼제도는 짜증나는 권태감의 연속일수밖에 없는 것이며, 특히 여자 쪽에서 볼 때 여간 밑지는 장사가 아니다.

I-27

전신全身이 원래대로 성기 또는 성감대가 될 수 있을 때, 인류는 노동력의 절감에 의해서 생긴 잉여 에너지를 전쟁이나 범죄 따위의 파괴적인 일에 소모해버리지 않고 오직 창조적인 놀이에만 쏟아 부을 수 있다.

I-28

이 시대는 집단주의자보다 개인주의자를 요구한다. 설사 그 개인주의가 이기주의라 할지라도 집단주의또는 전체주의보다는 훨씬 낫다.

'일을 하지 않아도 되는 상태'를 즐기기 위해 인간은 권력을 추구하게 되었다. 그래서 '미의식美意識'과 '권력욕'은 '자궁회귀본능'과 밀접하게 연관되어 있다. 그런데 사람은 최소한 손과 발을 움직여야 살아갈 수 있기 때문에, 자궁 속의 태아처럼 꼼짝도 안 하고 지내기는 힘들다. 그래서 아예 자신의 신체를 '움직일 수 없도록' 불편한 상태로 만들어놓는 것이 필요해진다. 예컨대 손톱을 아주 길게 기르면 손을 쓸 수 없게 되듯이 말이다. 따라서 인위적으로라도 신체를 '불편하게 만드는 것'이 권력의 상징이 되고 미美의 상징이 되었다. 동·서양을 막론하고 옛날의 왕족이나 귀족들이 남녀 모두 손톱을 아주 길게 기르고, 거기에다 모조손톱까지 덧붙여 '일부러 불편하게 하기'의 미美를 과시했던 것은 그 때문이다. 현대에 들어와서는 민주주의 발달로 귀족이 아니더라도 누구나 '네일 아트 숍'에 가서 손톱을 길게 붙일 수 있다. 다만 그것이 여성에게만 허용된다는 점에서, 현대 남성들은 그러한 미美를 가꿀 권리를 여성들에게 빼앗긴 셈이 된다. 이건 확실히 남성에 대한 역차별이다.

Ⅰ-30

동물이 인간보다 훨씬 착하다. 동물들은 아무리 배가 고파도 절대로 동종_{同種}의 동물을 잡아먹지 않는다. 그런데 인간은 배가 고프지 않아도 종교·이데올로기·소속 국가의 다름 등을 핑계로 '전쟁'이라는 만행을 통해 동종인 인간을 잔인하게 살육한다.

Ⅰ-31

예수 탄생일_{성탄절}과 석가 탄생일_{부처님 오신 날}을 공휴일로 지정하고 있는 나라는 세계에서 한국밖에 없다. '종교 선택의 자유' 및 '반_反종교의 자유'를 생각해보면 이는 분명 코미디 같은 난센스다.

Ⅰ-32

무기 개발이나 우주 개발을 위해 쓰는 돈을 없애고 그것을 식량 증산을 위해서 쓰면, 오늘날처럼 세계 도처에서 굶주림에 지쳐 허덕이는 사람들은 다 없어질 것이다.

Ⅰ-33

내가 고등학교를 졸업할 때1969쯤에는 고등학교만 나와
도 9급 공무원이나 은행원 등으로 얼마든지 취직할 수 있
었다. 그런데 요즘엔 대학을 나와도 9급 공무원이나 은행
원 되기가 힘들다. 한마디로 말해 대학 숫자를 너무 많이
늘린 탓이다. 그래서 공연히 과다한 대학 등록금 때문에
학부형들이 고통을 받고, 대학 나온 실업자 백수들만 늘
어간다. 대학 진학률을 유럽식으로 30% 정도가 되도록 낮
춰야만 한다.

Ⅰ-34

평균수명이 더 늘어날수록 '생활고'나 '병고病苦' 때문
에 자살하는 사람보다 '권태' 때문에 자살하는 사람들이
더 많아질 것이다.

Ⅰ-35

남들이 다 입고 있을 때 나만 벗고 있어야 재미가 있고 스릴이 있고 노출증적 쾌감이 있다. 만약 모든 사람들이 다 벌거벗고 살아간다면 나는 억지로라도 옷을 입고 다닐 것이다. 그래야만 이 권태로운 인생, 권태로운 일상을 조금이라도 견뎌낼 수 있을 터이니까.

Ⅰ-36

도대체 '노력'을 통해서 우리가 얻을 수 있는 게 얼마나 된단 말이냐! 학교에서 우리가 지긋지긋하게 들어온 "노력하면 성공한다"는 말은 실생활에서는 전혀 통용되지 않는다. 감나무 밑에 누워 감 떨어지기를 기다리지 말라고들 하지만, 그건 다 이미 무언가를 기분 좋게 운명적으로 성취해낸 자들이 지껄여대는 자기 자랑의 말. 우리는 쓸데없이 노력하다가 지쳐 나자빠지기보다는, 차라리 멍청한 무념무상에 빠져 있는 허무주의자의 상태로 감나무 밑에 누워 있는 게 낫다.

Ⅱ
마광수의 여성관

나는 야한 여자가 좋다

"저는 손톱이 무지 긴 여자한테 맥을 못 춥니다. 그리고 그로테스크한 화장과 현란한 피어싱, 염색, 뾰족 구두 등……. 하지만 가장 중요한 것은 역시 '속'이 야해야 한다는 것이죠. 또 잘 핥고 잘 빨아야 해요."

II-1

뾰족하고 날카로운 것은 모두 다 아름답다. 비수처럼 뾰족한 손톱, 송곳같이 뾰족한 굽의 하이힐, 날카롭게 뻗은 고양이의 수염, 눈 가장자리로 길게 뻗어나간 푸른색의 아이라인 등등. 그녀의 긴 손톱이 내 몸뚱어리를 할퀴어 주었으면 좋겠고, 그녀의 킬힐이 내 몸뚱어리를 짓밟아줬으면 좋겠다.

Ⅱ-2

엿보이는 것은 아름답다. 속이 훤히 비치는 시퐁 옷감으로 만든 드레스를 입은 여인. 엉덩이 부분부터 아래로 찢어져 내려오는 롱스커트를 입은 여인, 엷은 연기빛 선글라스를 통해 들여다보이는 여인의 그윽한 눈동자.

Ⅱ-3

불안하고 아슬아슬한 것은 모두 다 아름답다. 얼기설기 끈으로만 매어져 금방 흘러내릴 것 같아 보이는 비키니 수영복 또는 탱크탑 스타일의 야회복夜會服, 당신이 눈물을 글썽거려 짙디짙은 눈 화장이 엉망으로 얼룩져버릴 것만 같은 위기의 순간, 임자 있는 사람과의 데이트, 팬티 없이 치마나 바지만 입고 다닐 때의 기분.

Ⅱ-4

혼혈적混血的인 것은 아름답다. 동양적인 얼굴과 금발로 염색한 머리는 묘한 하모니를 이룬다. 성형수술로 쌍꺼풀을 만들고 코를 높여 동양적인 얼굴을 억지로 서양적인 얼굴로 만든 여성은, 그 어색하고 안쓰러운 조화감 때문에 오히려 관능적 매력을 풍긴다.

Ⅱ-5

짝짝이인 것은 아름답다. 사팔뜨기 여인의 눈은 섹시하다. 좌우의 길이가 다르게 커트한 '언밸런스 스타일'의 머리도 섹시하다. 손톱마다 다른 색깔의 매니큐어를 바른 여인, 특히 새끼손톱이나 엄지손톱을 다른 손톱보다 유난히 길게 기른 여인의 손도 섹시하다.

Ⅱ-6

귀고리를 한쪽만 달거나 양쪽 귀에 서로 대조적으로 다른 모양의 귀고리를 단 여인도 관능적이다. 왼발과 오른발의 구두를 각각 다른 색으로 신은 여인도 관능적으로 보인다.

Ⅱ-7

어쩐지 으스스하고 그로테스크하게 보이는 것은 모두
다 아름답다. 초록색이나 붉은색 또는 흰색으로 염색된
머리카락, 흑장미색의 립스틱을 짙게 바른 여인, 금속성
의 번쩍이는 푸른색 아이섀도를 눈두덩에 넓게 펼쳐 바른
여인, 눈썹을 아예 밀어버린 여자, 젖꼭지에 링을 달아맨
여자 등등.

Ⅱ-8

양복 깃을 올려 목과 얼굴을 살짝 가린 여자는 아름답
다. 머리카락을 늘어뜨려 이마와 두 뺨을 가린 여자도 아
름답다. 숏커트로 얼굴을 온통 드러낸 여자는 징그럽다.
무섭다. 너무 비밀이 없다. 엿보이는 것이 없다. 그래서 당
당해 보이긴 하지만 관능적이지는 않다. 나는 머리를 길
게 기르지 않고 짧게 자르고 다니는 여자들을 증오한다.
그런 여자들은 반드시 건방지고 기가 세다.

Ⅱ-9

노출이 심한 옷을 입은 여자는 무조건 아름답다. 가슴을 깊게 파 젖가슴을 반쯤 드러낸 여인, 스펀텍스로 된 초미니 스커트를 입어 앉아있을 때 팬티가 살짝살짝 드러나는 여자, 골반 바로 위부터 젖가슴 아래까지 훤히 드러나는 배꼽티를 입은 여자. 젖가슴은 가릴 수밖에 없어도 등을 허리까지 넓고 깊게 판 옷을 입은 여인 등등.

Ⅱ-10

불편한 것, 불편해 보이는 것, 아니 일부러 불편하게 한 것은 모두 아름답다. 엄청나게 길게 길러 휘어진 손톱그녀의 손이 감미로운 권태감으로 불편해보인다, 무지무지하게 높은 굽의 하이힐, 너무 좁고 꽉 껴 걸어 다니기도 불편할 정도의 초미니 타이트스커트, 팔을 움직이기 힘들 정도로 무거운 팔찌, 목이 기형적으로 가늘고 긴 여인, 그 여인의 목에 꽉 죄게 매어져 있어 목을 마음대로 돌릴 수 없을 만큼 무겁고 폭이 넓은 개목걸이, 두 발목 사이를 체인으로 이어놓아 불편하긴 하지만 우아한 걸음걸이를 도와주는 족쇄모양의 발찌.

과장적이거나 인공적인 것은 모두 다 아름답다. 칫솔처럼 길고 두텁고 뻣뻣하게 뻗어나간 인조속눈썹, 머리카락을 미칠 듯이 부풀려 머리통이 가분수처럼 커 보이는 여자, 눈 위쪽보다 눈 아래쪽에 더 긴 인조속눈썹을 붙인 여자, 얼굴에 순백색의 파운데이션을 두텁게 발라 마치 가면을 쓴 것처럼 보이는 여자, 머리카락들을 모두 위로 솟구치게 하고 거기에 풀을 먹여 에펠탑처럼 뾰족한 헤어스타일을 한 여자, 눈에는 황금색 콘택트렌즈를 끼고 입술엔 하늘색 립스틱을 칠한 여자, 땅에 질질 끌릴 정도로 머리카락을 길게 기른 여인, 10㎝가 넘는 긴 인조손톱을 붙인 여자 등등.

Ⅱ-12

　여자들한테는 졸지에 강간당하기를 은근히 바라는 잠재의식 있는데 이를 강간 콤플렉스rape complex라고 한다. 말하자면 마조히즘 심리의 일종인데, 여자들이 자위행위를 할 때 상상 속에서 경험하는 섹슈얼 판타지들은 대부분 강간 콤플렉스에 바탕을 두고 있다. 여자는 신체구조상 거의 예외 없이 마조히스트이기 때문에, 일체의 책임감이나 의무감으로부터 면제받고 싶어 하기 때문이다.

Ⅱ-13

　남자든 여자든 이성을 볼 때 우선 상대방을 성적性的 대상으로 파악하게 마련이다. 이는 인간 역시 동물의 일종인 이상 부인할 수 없는 진실이라고 본다. 아름다운 것은 섹시한 것이다.

Ⅱ-14

　슬프지만 엄연한 진리. 예쁘면잘생기면 착하다.

Ⅱ-15

우정도 없고 애정도 없다. 있는 것은 오직 성욕뿐이다. 그러므로 우정이란 것이 있다면 그것은 동성애 관계여야 한다.

Ⅱ-16

페미니스트 여성들은 신통방통하게도 다들 옷을 후지 게 입고 화장도 어색하게 한다. 얼굴도 대개 못생겼다.

Ⅱ-17

나는 죽어서 여자로 다시 태어나고 싶다. 그래서 실컷 야하게 꾸미고, 야하게 멋 내고, 야하게 화장하고 싶다.

Ⅱ-18

나는 전처前妻가 겉이 아주 야해서 죽자 사자 쫓아다니다 가 결국 결혼했는데, 3년 살아보니 속은 너무 안 야해서 이 혼하게 되었다. 죽기 전에 겉과 속이 다 야한 여자를 한번 만나보고 싶다.

Ⅱ-19

타고난 미인이 되는 것은 정말 어렵고, 그런 미인에 대한 갈망은 결국 귀족주의적 발상이다. 자신의 특정 부위를 페티시fetish로 개발하여 가꾸는 것은 타고난 자연미에 대한 반항이요 인공미人工美의 승리다.

Ⅱ-20

'사랑 끝에 결혼'이 아니라, 권태다.

Ⅱ-21

내가 늘 이야기하는 페티시fetish가 샛빨간 매니큐어를 바른 긴 손톱이다. 20년 전에 그런 이야기를 하면 변태라고 욕했다. 그런데 지금은 어떤가? 네일숍이 많아지고 네일아트가 유망직종으로 꼽힐 정도가 되었다.

Ⅱ-22

남자에게는 사디스트, 여자에게는 마조히스트적인 속성이 있다. 사디스트 여자는 불행해진다.

Ⅱ-23

사랑함에 있어 수만 마디의 '썰'이 무슨 필요가 있으랴.
'Love is Touch'인 것을…….

Ⅱ-24

'인연'이란 없다. 그것은 그저 '우연'의 동의어_{同義語}일 뿐
이다.

Ⅱ-25

나는 항상 '외모'의 중요성을 생각해 왔다. 또한 동시에
약간의 서글픔을 느꼈다. 내가 미남이 못 되기 때문이다.
그러나 외모의 중요성을 생각하며 '미묘한 쾌감'을 느낀
것은, 한국 사람들이 유난스럽게 '외모'를 경시하는 '척'
하고 있기 때문이다.

사랑이든 호감_{好感}이든, 그리고 그것이 이성 간의 것이든
동성 간의 것이든, 사람끼리의 만남은 우선 상대방의 외
모에 대한 첫인상에서부터 시작된다.

Ⅱ-26

"얼굴보다는 마음이 아름다워야 한다"는 구호는 지극
히 위선적이고 헛된 구호가 아닐 수 없다. 또 이성 간의 만
남일 경우, 상대방의 마음이나 영혼을 사랑한다는 것도
간사스런 위선에서 나온 구두선口頭禪에 불과한 것이 되지
않을 수 없다. 도대체 상대방의 마음이나 영혼을 어떻게
알 수 있단 말인가, 두개골을 쪼개어 뇌 검사를 하지 않는
한 물론 그래봤자 사람의 진짜 속마음을 알기 어려울 것이지만, 사람의 마음을 일순
간에 파악하기는 불가능한 일이다.

그런데도 사람들은 항상 '마음'이나 '영혼'을 부르짖어
대며 헛된 미망迷妄에 바탕한 '정신적 사랑'을 희구한다 아니,
희구하는 척 한다. 이성간의 사랑이든 동성 간의 우정이든, 모든
깊은 만남의 밑바탕은 상대방의 외모에 대한 '관능적 경
탄'에서 비롯되는데도 말이다.

43

Ⅱ-27

알고 보면 사랑은 별 게 아니다. 사랑은 오로지 육체
적으로 느껴지는 '부드러운 접촉감'일 뿐이다. Love is
Touch! 사랑은 무조건 주는 것이 아니라 무조건 만지는 것
이다. 사랑은 영혼의 대화가 아니라 살갗끼리의 대화이
다. 사랑은 정신적 신뢰감이 아니라 육체적 신뢰감이다.
사랑은 살갗끼리의 접촉이지 성기끼리의 접촉만은 아니
다.

Ⅱ-28

소녀는 무엇을 꿈꾸고 있을까? 그 소년과의 키스? 아니
아니, 그 소년과의 섹스.

Ⅱ-29

나를 관능적으로 마취시키는 여자들은 대부분 '냄새'의 이미지로 내게 다가왔던 것 같다. 덕지덕지 바른 화장품 냄새와 짙은 향수 냄새, 그리고 긴 손톱에 칠해져 있는 매니큐어 냄새가 언제나 나를 마취 또는 마비시켰고, 거기에 관능적 허기증이 상승작용을 불러 일으켜 나를 정신 없이 헷갈리게 했다. 그래서 나는 그 때마다 사랑의 나락 속으로 뼈져들곤 했던 것이다.

그러므로 우리는 에로스적 아름다움을 '관능적 마취를 가능하게 하는 최음적催淫的 화장 또는 치장'의 뜻으로 받아들이는 편이 차라리 낫다는 생각이 든다. '최음적'이라는 말에 너무 거부반응을 표시하면 곤란하다. 나는 마약이 아닌 한, 우리의 덧없는 인생과 부족한 아름다움과 식어가는 열정을 북돋워주기 위해서, 수단 방법을 가리지 말고 인공적 보조장치를 확보할 필요가 있다고 본다.

여자는 야한 여자가 아름답고, 그러한 여자가 사랑을 받는다는 사실을 명심해두자. 그렇다면 과연 구체적으로 어떤 여자가 야한 여자일까?

남자들은 여자들보다 훨씬 더 시각적 관능미에 약하다. 『성경』에 보면 "지나가는 여자를 보기만해도 간음하는 것이다"라는 구절이 있는데, 이 말은 확실히 일리가 있는 것 같다. 대개의 남성들의 경우 거의 모두가 관음증觀淫症: voyeurism적 취향을 가지고 있기 때문이다. 관음증은 '이성의 나체, 옷 벗는 행동, 또는 성행위를 훔쳐보는 데서 성적 만족을 얻는 것'으로 정의될 수 있는데, 꼭 나체나 성행위가 아니더라도 일단 관능미를 풍기는 것은 다 관음증의 대상이 된다.

사실 현대 문화는 관음증의 문화라고 해도 과언이 아니다. 관음증은 간접적인 방법으로 성적 만족을 얻는다는 점에서 현대의 모든 예술이나 생활양식에 그 개념이 두루 적용될 수 있다. 무대에서 행해지는 연극이나, TV, 영화, 사진예술, 패션, 미술 등이 모두 관음증적 만족을 겨냥하고 만들어지는 것이기 때문이다. 꼭 선정적인 춘화春畵나 도색영화porno만이 아니라, 일상적인 스토리의 영화나 연극에서 조차도 우리는 엿보는 쾌감을 경험하곤 한다. 여성잡지의 기사에는 연예인들의 사생활 추적이 큰 몫을 차지하고 있는데, 그러한 기사를 보면서 느끼는 재미도 일종의 관음증이다. 그래서 연극이론에서는 연극을 보는 심리를 이 관음증에 바탕하여 설명하곤 한다. 관객은 어두운 관객석에서 자신의 정체를 숨기며 환하게 드러나 보이는 무대를 마음껏 훔쳐볼 수 있기 때문이다. 관음증은 또 차를 타고 지나가며 차장 밖을 내다보면서 느끼는 즐거움이나, 고층건물의 스카이라운지 같은 데서 창 옆의 좌석에 앉아 바깥을 내려다보는 것, 낯선 곳을 여행하기 등에도 해당된다. '나'의 정체를 숨기고 '남'을 엿볼 수 있다는 것은 역시 기묘한 쾌감인 것이다. 그런데 관음증적 취향이 특히 남자에게 강한 것은, 남성들은 성행위시 에너지의 소모가 많아 직접적인 성행위를 두려워하는 마음을 잠재의식 가운데 가지고 있기 때문이다. 특히 대도시에 살며 스트레스와 운동부족으로 허덕이는 현대 남성들은, 점점 더 원시적인 정력을 잃어가고 있다. 그러다보니 나이를 먹을수록 직접적인 성행위보다 '보고 즐기는 것'을 좋아하게 된다. 그래서 우선 외양이 야하고 화려한 여인을 보면 그만 오금을 못 쓰면서 사랑에 빠져든다.

Ⅱ-31

타고난 미모에 의한 단아한 고전미보다 인공적으로 가꾼 섹시하고 그로테스크한 개성미가 현대미의 특징이라면, 88올림픽에서 금메달을 딴 미국의 여자 육상선수 그리피스 조이너가 손톱을 유난히 길게 기르고 거기에 알록달록한 칠을 하여 세인들의 눈을 끌었던 것은 좋은 예라고 할 수 있다.

Ⅱ-32

나는 지금까지 대학교수로 있으면서 학생들을 데리고 MT나 수학여행 등을 가본 적이 많았는데, 평소에 화장을 짙게 하고 몸도 야하게 꾸미고 다니는 여학생이 안 꾸미고 다니는 여학생보다 식사준비나 청소 등에서 훨씬 더 부지런하다는 것을 알게 되었다. 그러니까 평소에 안 꾸미고 다니는 여학생은 순수한 자연미를 사랑해서가 아니라 단지 '게을러서' 안 꾸미고 다녔던 것이다. 섹시하고 예쁜, 다시 말해서 인공미人工美를 가꾼 여학생이 공부도 훨씬 잘했다. 몸을 부지런하게 가꾸는 것만큼 공부에도 부지런했기 때문이다.

Ⅱ-33

젊었을 때는 성형수술_{단,기술이 완벽한 병원에 가서 해야 한다}을 골백번
해서라도 아름다운 여자_{또는 남자}가 되어야 한다. 요즘 세상
에서 가장 큰 힘을 발휘하는 것은 '지성'이 아니라 '미모'
이다.

Ⅱ-34

우리는 '제 눈에 안경'이란 속담으로 '짚신도 짝이 있
다'고 하면서 누구나 사랑을 할 수 있다고 자위_{自慰}한다. 그
러나 '제 눈에 안경'도 안경 나름이지 '노트르담의 꼽추'
같이 못생긴 사람을 어떻게 사랑할 수 있겠는가.

Ⅱ-34

여자가 남자에게 사랑받으려면 자칫 천박해 보일 정도
로 야하고 진하게 화장해야 한다. 남자가 여자에게 사랑
받으려면 무식하고 우락부락한 깡패처럼 행동해야 한다.

III
마광수의 섹스관

섹스는 재밌는 놀이다

"내가 제일 싫어하는 게, '섹스 왜 했냐' 물으면 '허무해서 그랬다'는 식으로 쓰는 수법. 대표적으로 무라카미 류가 그렇지. 나는 그게 아니거든. 성은 무조건 즐겁다는 거야. 그래서 명랑하게 나가잖아. 『돌아온 사라』도 얼마나 명랑해. 사회에서 소외되었기 때문에 할 수 없이 섹스로 도피한다는 건 핑계야. 면죄부를 받는 수단이지. 신나게 야하게 묘사한 뒤에 '아, 허무하다' 이거면 돼? 섹스는 만날 소외되어 있을 때만 하나? 즐거울 때도 하지. 나는 다만 섹스는 즐겁다 이거야. 상상하는 것만으로도 즐겁지 않아?"

Ⅲ-1

생태계의 모든 동식물들이 섹스를 하지 않으면 섹스의 결과물인 열매와 고기 등이 생겨나지 않아 모두 굶어죽는다.

Ⅲ-2

섹스는 박고 박히는_{다시 말해서 소유하고 소유되는} '삽입'이어서는 안 된다. 섹스는 'SM 섹스' 등의 비생식적非生殖的 놀이가 되어야 한다. 그러나 세상 사람들은 그런 '놀이로서의 섹스'를 '변태적 섹스'라고 부른다.

Ⅲ-3

서로가 변태라면 더 이상 변태가 아니다.

Ⅲ-4

남녀 간의 최고로 좋은 궁합은 진짜 사디스트와 진짜 마조히스트가 만나는 것이다.

Ⅲ-5

야한 것은 어린아이처럼 솔직한 것이다. 나는 '야하다'를 '동물적 본능에 정직하다'로 정의한다. 진정한 행복은 '야한 섹스'로부터 온다. 육체적 쾌락만이 선善이다.

Ⅲ-6

성적性的 죄의식과 촌스러운 순결의식, 그리고 성에 대한 지나친 방어본능은 즐거운 연애를 불가능하게 하고 구체적 재미도 주지 못한다.

Ⅲ-7

참된 사랑이란 결국 우리 몸에 '정신적 사랑'이라는 환상이 살아남지 못하도록 서로 변태적으로 핥고 빨고 비비고 쑤셔대는 것이다. 그리고 또 사랑이란 육체를 오로지 동물적 쾌락에 맡겨, 그 알량한 '이성理性'과 도덕을 죽여버리는 것이다.

Ⅲ-8

관음증과 한 짝을 이루는 것이 노출증露出症: exhibitionism이다. 마치 사디즘이 마조히즘을 전제로 하는 개념이듯이, 관음증적 만족을 얻기 위해서는 자신을 남에게 노출시킬 때 쾌감을 느끼는 사람이 꼭 필요하기 때문이다.

Ⅲ-9

나의 외로움, 나의 사랑, 내가 살아가는 실존적 이유의 정체가 '섹스'라는 것을 파악하기까지는 꽤 오랜 시간이 걸렸다. 그러나 남이 뭐라고 하든, 나의 심리가 혹 변태든 아니든, 나로서는 어쩔 수 없다. 그것이 나의 존재 이유이며 살아가는 방법이며 목표이기 때문에……

Ⅲ-10

나는 55살 이후부터 섹스할 때 자지가 잘 안 섰다. 그래도 나는 비아그라를 복용해본 적이 한 번도 없다. 오럴 섹스만으로도 충분히 만족할 수 있었고, 또 여자들도 그랬기 때문이다.

Love is licking, Love is sucking, Love is not intercourse!

Ⅲ-11

남녀가 서로 애무하거나 페팅할 때, 상대방의 정액과 애액을 빨아 마시는 성희性戱를 즐기는 것이 좋다. 남자의 정액은 여자에게, 여자의 애액은 남자에게 더할 나위 없는 보약이 된다.

Ⅲ-12

사랑은 성욕과 동의어이고, 사랑의 기쁨은 정액이나 애액의 사정射精에서 오는 것이 아니라 페니스와 클리토리스의 발기勃起에서 온다.

몇 분 동안의 삽입성교가 우리의 종족 번식을 이루게 하고 그래서 우리에게 영생에의 가냘픈 미망을 품게 만들어 준다. 저주받을진저, 그 망할놈의 삽입성교!

권태에 빠지지 않기 위해서 우리는 삽입성교의 순간을 거부하려고 노력하지 않으면 안 된다. 왜냐하면 사정射精 후엔 반드시 권태가 오고, 곧이어 사랑 역시 사라져버리기 때문이다. 삽입성교를 없애고 사정을 없애버리면, 그리고 성적 결합을 없애고 결혼을 없애버리면, 성적 권태를 벌충하기 위해서 만들어진 종교나 이데올로기도 없어지고 관념의 유희도 없어지고 막연한 적개심도 없어지고 전쟁도 없어질 것이다.

자연미自然美가 사정射精이라면 인공미人工美는 '발기의 지속'이다. 자연미는 가난하고, 못생기고, 고통스러운 것이다. 그래서 매니큐어를 칠한 긴 손톱은 역시 아름답다. 손톱은 원시시대 인류에게는 다른 동물들과 마찬가지로 생존경쟁에서 살아남기 위한 일종의 무기였다. 그러나 이제 인간의 손톱은 가학적 무기가 아니라 사디스틱한 아름다움의 심볼로 변했다. '자연의 손톱'은 가고 '인공의 손톱'이 왔다. 자연미보다 인공미가 더 아름다울 수 있다는 것을 보여주는 가장 적절한 예가 바로 매니큐어를 칠한 손톱이고, 싸우지 않고도 살아갈 수 있다는 것을 보여주는 예가 바로 가학적 용도를 위해서가 아니라 미적美的, 관능적 용도를 위해 한껏 길게 기른 손톱이다.

삽입성교 욕구와 종족보존 욕구를 극복할 수 있도록 노력하는 것, 사랑과 권태 사이에 존재하는 관능적 탐미耽美의 순간을 최대한으로 오래 지속시키도록 노력하는 것, 그것이 바로 행복의 비결이라고 할 수 있다. 탐미적 상상력이 있어야 과학이 발달하게 된다. 과학은 탐미적 상상력의 토대 위에서만 이루어질 수 있기 때문이다.

Ⅲ-14

사랑해서 섹스하는 게 아니라 섹스해서 사랑하게 되는 것이다. 사랑은 환상이고 섹스는 현실이다.

Ⅲ-15

거듭 말하지만, 진정한 섹스의 기쁨은 '성교'가 아니라 '성희'에서 온다. '성희'는 퇴폐적일수록 좋다.

Ⅲ-16

모든 정력감퇴증의 진짜 원인은 '권태'이다.

Ⅲ-17

정력보다는 정열이 중요하다. 우리나라 남자들은 힘이 없으면 녹용, 웅담부터 찾는다. 정열을 키우기 위해서는 성적 공상의 변태성을 인정하고 '공상 훈련'을 해야 한다.

Ⅲ-18

자위행위는 물론 찜찜한 뒷맛을 남긴다. 그러나 그거라도 하고 나면 기분이 다소 가라앉긴 하는 것이다. 책이든 영화든 비디오든, 뭐든지 계속해서 '질려버릴 정도'로 야한 것들만 골라가지고 그 안에 푹 빠져들어가 보라. 그러면 모든 성적性的 스트레스로부터 한결 해방될 수 있다. 실제적 섹스만이 섹스가 아니다. 자위행위를 통한 상상적 섹스도 어엿한 섹스다.

Ⅲ-19

혼전婚前에 죽어라고 순결을 지킨다고 해서 꼭 '순결한 사람'아니면 촌스런 사람이라고 할수 없고, 혼전에 프리섹스를 한다고 해서 '방탕한 사람'아니면 자유로운 사람이라고 할 수도 없다. 즉, 모든 것이 다 '각자 선택'으로 해결되어야 한다.

Ⅲ-20

요즘 대학생들은 데모 안 한다. 오직 성 이야기만 한다. 요새 연세대에서는 사교춤을 가르친다. '백디가 불여일블.' 백 번의 디스코가 한 번의 블루스 춤만 못하다는 뜻이다. 난 블루스 춤도 섹스라고 생각한다. 그것도 성적 카타르시스다. 다시 말하지만 삽입성교만이 섹스가 아니다.

Ⅲ-21

나는 성윤리적 과도기에 처해 있는 한국에서는 혼전의 성애 형태로 구강성희oral sex가 가장 무난하다고 본다. 그리고 결혼 이후에도 구강성희를 자유롭게 즐길 수만 있다면, 우리나라 부부들이 흔히 갖고 있는 성적 권태증이나 강박증특히 남성을 옭죄는 정력부족에 대한 공포은 한결 감소될 수 있다고 본다.

Ⅲ-22

사랑에는 불륜이 없고, 섹스에는 도덕이 없다.

Ⅲ-23

사랑의 욕구는 성욕 충족에의 욕구이고, 성욕의 충족만이 우리의 행복을 보장해 준다. 그럴 경우의 성욕의 실천은 비생식적 섹스일수록 좋다.

Ⅲ-24

원래 동물들은 서로 얼굴을 보면서 성행위를 하지 않는다. 동물의 수컷은 오직 암컷의 궁둥이만 보고 성욕을 느끼고, 또 성욕의 배설이 일정 기간에 국한되기 때문에 직접 성교를 피할 까닭도 없다.

그러나 인간은 서로 마주보며 성교를 하고, 또 일 년 내내 성교할 수 있기 때문에, 남성들은 관음증적 섹스에 민감하게 되고 또한 에너지를 아끼기 위해 직접적인 성행위보다는 간접적인_{소위 변태적인} 성행위를 더 좋아하게 되는 것이다.

Ⅲ-25

지금까지 변태성욕의 하나로만 간주되었던 페티시즘 fetishism을 현대인의 모든 생활미학에 적용시킬 때, 각자의 개성이 신장될 수 있고, 개성적인 미의식과 개성적인 성관性觀이 자유의 개념과 연결될 수 있다. 따라서 '쾌락추구의 정당성'이 보편타당한 것으로 받아들여질 수 있게 되는 것이다. 사랑받고 싶어 하는 모든 사람들이여, 지금부터라도 자신의 페티시fetish를 당당하게 키워나가라!

Ⅲ-26

폭발적인 성욕을 잠재우기 위해서는 연애를 함에 있어 '잡식동물'이 되는 것이 좋다. 많은 여성을 상대로 하는 직업을 가진 남자들 중에 동성애자가 많은 까닭은, 그들이 '여자'에 질리고 물려버렸기 때문이다. 꼭 동성애자가 되라는 얘기가 아니라, 그와 같은 원리에 의해 우리가 일단 폭발적인 성충동으로부터 해방될 수 있다는 말이다. 너무 요모조모 따져가면서 섹스 파트너를 고르지 말라. 그런 점에서 볼 때, 요즘 유행하는 '원 나잇 스탠드'식式 섹스는 아주 바람직한 섹스다.

Ⅲ-27

나는 섹스한다. 그래야만 내가 존재한다.

Ⅲ-28

고독하다고 느끼는 사람은 너무 까다롭게 따지지 말고 교제를 원하는 사람이 있으면 무조건 사귀어보는 게 좋다. 요컨대 '사랑'을 너무 신비스럽고 거룩한 것으로 생각하지 말고, 단순한 육체적 생리작용으로서의 '놀이'와 동일한 것으로 생각하라는 말이다.

Ⅲ-29

중국의 방중술房中術에서는 언제나 남성들의 바람직한 섹스 방식으로 '접이불루接而不漏'를 권하고 있다. 쉽게 말해서 페팅애무은 하되 사정射精은 하지 말라는 것이다.

그러나 서양의학에서는 남자가 너무 오랫동안 사정을 안 하면 전립선암에 걸릴 위험이 있다고 주의를 준다.

내 섹스 경험으로는 '접이불루'가 맞다고 본다. 건강에 좋을 뿐만 아니라 쾌감에도 좋다고 보는 것이다. 단 이럴 경우 다양한 변태 섹스비생식적인 성희性戲를 활용해야 한다.

Ⅲ-30

나는 페티시스트fetishist이다. 페티시스트들은 특히 허무주의적인 성향이 많다. 죽음에 대한 그리움, 죽어 없어져 영원히 물질화되고 싶어 하는 원초적 소망을 가지고 있다. 그래서 그들은 '살아 있는' 여인의 육체보다 긴 모조손톱이나 스타킹, 특이한 장신구, 굽이 아주 높은 하이힐 등 '물질'로 된 그녀의 부속품에 더욱 집착한다. 그러면서 영원히 무화無化되어 없어져버리는 것 같은 쾌감을 맛본다.

Ⅲ-31

인간의 성은 관능적 상상력에 의해 다양한 형태의 대리 배설이 가능하다. 남자든 여자든 정력에 대한 환상과 열등의식을 버려라. 진짜 정력은 성적 공상과 '정열'에서 나온다. 그러므로 관능적 상상에 의해 이른바 '변태성욕비생식적 섹스'을 즐길 수 있으면 정력에 대한 초조감이 사라지고 한결 신선한 쾌락을 체험할 수 있다. 섹스를 신선한 '놀이'로서 즐겨라.

Ⅲ-32

진정한 성기性器는 자지나 보지가 아니라 '혓바닥'이다.

Ⅲ-33

혓바닥만 가지고도 얼마든지 섹스할 수 있다. 우리나라 사람들의 섹스는 '불 꺼놓고 숯 골인'하는 식이다. 섹스는 서로 얼굴을 보고 몸을 보면서 해야 한다. 나는 섹스할 때 삽입성교보다 짙은 페팅을 더 선호한다. 임신시킬까봐 두렵기 때문이다. 하지만 우리나라 사람들은 대개 불 꺼놓고 엉겁결에 삽입하다가 원치 않은 임신이나 시킨다.

Ⅲ-34

반드시 강조되어어야 할 것은 결혼과 성을 일치시키지 말라는 것이다. 노처녀·노총각이라고 해서 꼭 성에 굶주릴 필요는 없다. 독신주의를 고수한다는 것은 성의 자유를 만끽하겠다는 의도로 이해돼야지 성적 결벽증과 관계지워져서는 안 된다.

Ⅲ-35

무분별한 이혼의 남발을 막기 위해 혼전에 '시험적 동거기간'을 거친다거나 하는 식으로 보다 신중한 결혼이 이루어질 필요가 있다. 만약 결혼을 단행하더라도 최소한 3년 정도는 아이를 낳지 않는 게 좋다는 것이 내 생각이다. 혹 이혼을 하게 되더라도 자식이 없을 경우 후유증이 훨씬 적어지기 때문이다.

Ⅲ-36

'극단적 쾌락주의원나잇스탠드,그룹섹스,부부교환섹스등'를 악덕으로 공격해서는 안 된다. 인간은 결국 죽을 때까지 쾌락을 좇아 살아가는 존재다. 그러므로 갖가지 보수적 윤리와 도덕에 기초하는 성에 대한 금기는 하루빨리 없어져야 한다. 스와핑이나 SM섹스, 그리고 성적 표현물에 관한 각종 규제가 풀리면 강간 같은 것은 차츰 없어지게 되고 성범죄도 줄어들 것이다.

Ⅲ-37

매매춘賣買春을 합법화시켜야 한다. 그리고 성을 파는 이들에게 '성 노동자'로서의 당당한 직업의식을 부여하고 주기적으로 성병 검사를 실시하면, 음성적 매매춘이 사라져 성범죄와 성병의 만연을 줄여나갈 수 있을 것이다.

Ⅲ-38

지금부터 전개되는 성性은 성기 중심의 성이 아니다. 온몸으로 느끼는 성, 어떤 이상성욕異常性慾도 용인되는 성, 그리고 생활 속에 녹아 있는 성이다. 프로이트의 성 이론은 성기 중심의 성에 머물렀다. 그래서 사디즘, 마조히즘, 관음증, 페티시즘, 동성애 등의 성을 모두 다 변태로 돌렸다. 그러나 육체 전체가 성적性的 기관으로 변해버린 지금에 있어 변태적 성이란 없다. 각자의 기호와 취향에 따라 스스로의 쾌감을 자연스럽게 변태적으로 다시 말해서 삽입성교라는 고정된 틀을 넘어 비非생식적으로 선택하면 된다.

Ⅲ-39

인류는 머지않아 모계사회로 되돌아간다. 남성들은 모두 다 여성들의 노예로 전락한다. 결혼제도는 물론 철폐된다. 남성들은 오직 여성들의 애완동물pet이 되어 스스로의 마조히즘을 기쁘게 즐길 것이다.

Ⅲ-40

섹스에 대한 한국 대중의 생각은 섹스를 속된 것으로 보는 사고방식이 대부분이다. 그래서 그만큼 정신적 통제가 먹혀들고 있는 후진적 사회라고 생각된다. 물론 한국은 아랍 국가 등과 비교하면 선진적이지만, 호주나 서유럽, 일본 등과 비교하면 그렇다는 것이다. 이상하게도 후진국 독재 전체주의 사회에서 섹스는 어김없이 수구적 봉건윤리의 지배를 받는다. 히틀러가 성에 대한 서적들을 불태우고 동성애자들을 죽였듯이 말이다.

Ⅲ-41

밤에는 포르노 보고, 낮에는 금욕주의적인 도덕과 윤리
를 강조하고……. 한국 사회의 못 말리는 이중성.

Ⅲ-42

나는 여자와 페팅을 나눌 때, 내가 그녀의 오줌을 즐겁
게 받아 마시고, 그녀 역시 나의 오줌을 즐겁게 받아 마실
때 진정한 오르가즘을 느낀다. 오줌은 요즘 보약으로도
쓰인다. 그래서 『오줌 요법』이란 책까지 나왔다.

Ⅲ-43

우리나라가 성에 엄격한 나라라고 치자. 그렇다면 성범
죄 발생률이 일본의 10배, 스웨덴의 10배에 이르는 이유는
무엇인가. 성을 카타르시스로 풀어줄 문화적 장치가 있으
면 성범죄는 줄어든다.

Ⅲ-44

한국인이 성에 대해 가지는 이중적 심리. 예를 들어 '낮에는 신사, 밤에는 야수'로 돌변한다는 것⋯⋯. 기이한 이중성이다. 텐프로* 호화 룸살롱이 넘치고 낙태율은 높다. 하지만 성에 대한 표현의 자유는 없다. 아주 아이러니하다. 그것을 깨는 역할을 젊은이들이 해주길 기대한다.

Ⅲ-45

현재 성에 대한 담론은 폭발적으로 늘어나고 있다. 내가 일찍이 예상했던 거다. 나는 이데올로기의 시대는 가고 성의 시대가 온다고 20여 년 전에 말했다. 내 말대로 이데올로기의 시대는 벌써 끝나고 성 담론의 시대가 되었다. 구 소련도 붕괴하고 나서 제일 잘된 사업이 바로 포르노 사업이었다.

Ⅲ-46

남녀가 서로 사랑하다가 헤어지게 될 때 '성격 차이'나 '성적性的 차이' 같은 간사스런 이유를 갖다 붙이지 말라. 모든 이별의 원인은 오직 하나, 즉 '권태'다.

* 성인업소. 여자 종업원의 외모가 상위 10%라는 것을 빗댄 말.

Ⅲ-47

나는 사람의 성격이나 인생관 그리고 섹스의 취향이 쉽사리 바뀔 수는 없다고 생각한다. 사랑하는 사람끼리 아무리 서로 노력하며 대화를 나눠봤댔자 각자가 지니고 있는 성적 취향을 바꿔놓을 수는 없다. 자기와 비슷한 취향을 가진 사람을 가진 사람을 사랑의 상대로 찾아내든지, 그것이 불가능하면 차라리 혼자서 시큰둥한 마스터베이션이라도 하는 편이 나을 것이다.

Ⅲ-48

섹스는 돈이 가장 적게 드는 '국민 체육 national sports'이다.

IV
마광수의 문학관

한국은 문화적으로 촌스럽다

"나한테 문학은 그냥 카타르시스야. 나도 좋고 독자도 좋자 이거지. 나도 대리배설하고 너희도 대리배설해라 이거야. 교훈? 그런 거 없어. 문학은 오락 그 이상도 이하도 아냐. 인문학을 공부하다 보니까, 소설이고 뭐고 사랑 빼면 시체야. 근데 사랑이 뭐야. 따지고 보면 성욕이야."

Ⅳ-1

지금은 다수를 위해 소수가 희생돼도 괜찮은 시대가 아니라 소수의 돌출된 창의성을 위해 다수가 너그러워져야 하는 시대이다.

Ⅳ-2

천재적 작가들에게 공통적으로 나타나는 일종의 '광기狂氣'는 작가의 본능적 의지와 위선적이고 억압적인 왜곡된 현실 사이에서 빚어지는 마찰에서 나온다. 작가 또는 민중들의 본능적 배설욕구들이 이념의 틀로써 부정되거나 흑백논리에 의해 매도당하지 않는 풍토, 그것이 바로 진정한 '문화의 민주화'이다.

Ⅳ-3

어려운 글은 심오한 글이 아니라 못쓴 글이다.

Ⅳ-4

한국에서 완벽한 '표현의 자유'가 어떠한 단서도 없이 보장되지 않는다면, 한국문학은 영원히 발전할 수 없고, '세계화'도 이루어낼 수 없다. 헌법에 있는 '표현의 자유' 항목에서 단서조항을 빼야한다.

Ⅳ-5

한국의 문학가들은 요절하지 않으면 변절한다.

Ⅳ-6

지금까지의 문학은 전통적으로 엄숙주의를 전제하여 발전해왔다. 시대를 불문하고 지식은 권력이었고, 다른 문화생활과는 달리 문학은 식자층만이 누릴 수 있는 '정신적' 특권이었다. 부유한 식자층만이 누릴 수 있었던 값비싼 취미생활이자 정신적 우월감의 표출이 곧 문학이었다. 그렇다면 요즘처럼 넓어진 독자층에도 불구하고 지적知的 허영심을 위해 포장되는 글들만이 아직까지도 신성한 본격문학으로 존중받는 이유는 무엇일까.

바로 민중적, 즉 육체적 쾌감관능적 카타르시스을 위한 문학이 아니라 귀족적, 즉 정신적 쾌감만이 '카타르시스대리배설'가 아니라 '감동'을 준다고 주류문학이 주장하기 때문이다. 나는 육체주의 문학만이 진정한 문학이라고 보아 그것을 실천한다.

IV-7

에피쿠로스는 쾌락주의를 주장하면서도 '정신적 쾌락'에 더 중점을 두었다. 그러므로 그는 진정한 쾌락주의자가 아니다. '육체적 쾌락'만이 진짜 쾌락이고 '정신적 쾌락'은 일종의 '악惡'에 속하는 것이기 때문이다.

IV-8

'정신적 쾌락'이 일종의 악惡에 속한다고 보는 이유는 그 '정신적 쾌락'의 정점頂點에 '종교'가 있기 때문이다. 인류는 언제나 종교적 도그마 때문에 고통 받았다.

IV-9

추악한 정신주의의 아버지는 그리스의 철학자 플라톤이다. 착한 육체주의자의 아버지는 유감스럽게도 아직 없다. 그러나 다행히도 어머니는 있다. 바로 에덴동산에서 선악과를 따먹는 원죄를 저질러 인간에게 섹스의 즐거움을 안겨준 이브하와이다.

IV-10

한국은 아직까지도 원칙 없이 성을 억압하고 있다. 장정일의 소설『거짓말』의 경우를 보라. 소설은 유죄, 영화는 무죄로 버젓이 상영됐다. 도무지 적발 기준을 모르겠다. OECD 국가라고 으스대면서 성 정책에 있어서만큼은 구시대적인 퇴행을 보이는 나라에서 사는 게 부끄럽다.

IV-11

내가 쓴 소설『즐거운 사라』가 음란하다는 이유로 구속됐을 때〈인터내셔널 헤럴드 트리뷴〉지와 일본 언론 등에서는 '성 이야기를 하다 잡혀갔다'고 대대적으로 보도할 정도였다.『즐거운 사라』는 일본에서 지금까지 아무런 문제 없이 가장 많이 팔려 베스트셀러가 된 유일한 한국 소설이다. 하지만 나는 전과자고 그 책은 아직도 판금 신세다. 이러다간 내가 친일파가 될지도 모르겠다.

Ⅳ-12

카타르시스 이론은 나의 주± 전공이다. 카타르시스는 여태껏 고등학교에서 '도덕적 정화'라고 가르쳐왔다. 하지만 나는 '대리배설'로 용어를 바꿨다. 그리스에서 카타르시스의 의미는 '배설'이다. 우리나라에서는 이를 '정화시킨다'로 잘못 해석했다. 모든 예술은 '욕망의 정직한 배설'이 되어야 한다.

Ⅳ-13

『즐거운 사라』필화 사건이 났을 때 소설가 이문열은 그 소설을 읽고 구역질이 났다고 중앙일보에 기고했다. 그리고 서울대 손봉호 교수는 "마광수 때문에 에이즈가 늘어났다"는 소리까지 동아일보에 썼다. 서강대 이태동 교수는 법원에 제출한 자신의 감정서를 통해, "사라가 끝까지 반성을 안 한다"고 분개조로 말했다.

아아, 한국 지식인들의 못말리는 촌스러움이여!

Ⅳ-14

일본의 한국문학 전공 학자들은 『즐거운 사라』를 한국 근대문학사상 여자가 성性의 주체가 된 최초의 작품으로 평가하고 있다. 아마 『즐거운 사라』가 아니라 『즐거운 철수』였으면 나는 안 잡혀갔을 것이다. 우리나라는 남자의 성적 문란함자유로움에 대해서는 지극히 관대하다. 그런데 페미니스트 여성들조차 여성의 성적 자유로움에 대해서는 비난을 퍼붓는다. 이런 것이 바로 한국 지식인들의 무지無知함이다.

Ⅳ-15

나는 에세이집 『나는 야한 여자가 좋다』, 시집 『가자, 장미여관으로』, 소설 『권태』 등으로 요주의 인물이 되었다가 드디어 소설 『즐거운 사라』로 잡혀갔다. 『나는 야한 여자가 좋다』는 1989년에 출간한 책인데 100만 권 이상 나갔다. 이것은 우리나라 사람들이 그만큼 성담론에 굶주려하고 있었다는 증거다.

Ⅳ-16

카타르시스, 다시 말하면 대리배설인데, 직접배설이
안 될 때는 대리배설이라도 해야 한다. 그런 것에 제일 유
용한 게 포르노 영화나 에로티시즘 소설인데 한국에서는
그걸 규제한다. 또 우리나라의 전통을 지키자면서도 신
윤복의 야한 풍속화를 규제한다. 완성도 높은 춘화春畵를
성기를 가리고 출판해야 하는 이런 이상한 국가가 세상
에 어디 있나.

Ⅳ-17

내가 가르치는 학생들한테 물어보면 포르노 영화를 중
학교 때 다 마스터하고 대학에 들어온다. 그 학생들은 포
르노를 봤어도 성범죄자가 되지 않았고 사립대 명문인 연
세대학교에 입학했다. 포르노 영화 보기는 성범죄를 촉발
시키지 않고 오히려 범죄적 성충동을 잠재운다.

Ⅳ-18

1995년엔 배꼽티를 입은 여자를 구속시켰다. 얼마나 부끄러운 일인가. 나는 얼마 전에 한 텔레비전 프로그램에 나가 '자지, 보지'라는 말을 썼다가 혼났다. 그건 비속어가 아니라 순 우리말인데도 나는 출연정지를 당했다. 담당 PD는 시말서를 썼다고 한다.

Ⅳ-19

소설을 쓸 때도 그렇다. '흡입했다' '마찰했다'고 써야 검열에 안 걸린다. '그녀의 보지를 빨았다, 핥았다'고 쓰면 걸린다. '쿤닐링구스를 했다'고 써도 안 걸린다. 쿤닐링구스는 우리말로 '보지빨기'라고 써야 옳다. 이런 것만 봐도 우리가 우리나라를 스스로 비하시키고 있다는 것이 드러난다.

Ⅳ-20

문화란 한마디로 백일몽적 도피요 카타르시스다. 문화의 정수라고 할 수 있는 예술을 생각해보면 더욱 그렇다. 쉽게 말해서 문화란 성스럽고 고차원적인 것이 아니란 얘기다. 예술은 개인적 창의성의 발현이지 집단적 합의나 집단적 노력의 소산은 아니다.

Ⅳ-21

글이란 게 원래의 생각, 즉 본의本義를 왜곡시킬 수 있다고 본다. 글이 생각을 정리하여 표현해주는 단계를 넘어, 원래의 생각을 과장·확대시키거나 축소·변질시키는 경우가 많기 때문이다. 대개의 글은 당초의 본의를 그대로 반영하지 못하고 있다. 생각과 글 사이에 '달라짐'이라는 매커니즘이 개입하면서 글 자체가 하나의 독립된 자의성恣意性을 갖게 되는 것이다. 그러므로 우리는 글로 된 고전古典 같은 것을 지나치게 숭배하면 안 된다.

Ⅳ-22

언어에 있어서는 심리적 심층구조가 언어적 표면구조로 자유롭게 이행되는 것이 가능하지만, 글에 있어서는 매우 제한된 이해만이 생각과 글 사이에서 이루어진다. 언어능력은 사회에 속해 있는 모든 인간에게 어느 정도 고르게 나타난다. 하지만 글로 표현하는 능력은 그렇지 않다. 글로 표현하는 능력은 언어능력과는 달리, 연역적인 것이라기보다는 귀납적인 것이요, 또 후천적 노력에 의한 것이다.

Ⅳ-23

인간의 인식문제를 파고들어 가봤자 인식의 근원을 이루고 있는 것은 역시 문자적文字的 개념이랄 수밖에 없다. 인간은 책을 통해 대부분의 간접경험을 하고 있고, 설사 직접경험을 했을 경우라도 책을 통해서 습득한 간접경험에 더 중점을 두게 되는 게 보통이기 때문이다. 그러므로 잘못된 독서는 지극히 위험하다. 특히 사상서가 그렇다.

Ⅳ-24

이른바 '성적性的 표현물'에 대한 신경증적 알레르기 증세에서 벗어나 무원칙하고 간헐적인 본때 보이기식 규제를 풀고 마음대로 실컷 보라고 권장하면, 오히려 음성적 호기심이 없어지고 색광色狂들조차 시들해져서 성범죄가 훨씬 줄어들 것이다. 뿐만 아니라 우리나라의 고질병인 수구적 봉건윤리와 이중적 위선성, 그리고 권위주의적 폐쇄성의 척결이 덤으로 따라 올 것이다. 아니, 덤이 아니라 그것이 바로 내가 바라는 진짜 핵심이자 목표다.

한국 사회에서 성에 대한 담론이 가능하게 하고 성에 대한 논의를 활성화해야만, 우리는 개방적 사고와 창조적 상상력에 바탕한 참된 자유민주주의를 실현할 수 있는 것이다.

Ⅳ-25

정치적, 문화적으로 후진된 사회일수록 도덕만능주의 경향이 강하고 육체보다 정신을 중요시하는 경향이 두드러진다.

IV-26

우리나라 사람들 중에는 내가 쓴 글들이 성범죄를 더욱 더 조장시키고 있다고 비난하는 이가 많다. 그렇지만 나는 그 반대라고 생각하고 있다.

언젠가 내게 상담을 요청해 왔던, 성적性的 결벽증과 발기 불능증을 가져 고민하던 어느 남학생은 엄격한 부모 때문에 성욕을 품는 것 자체에 대해 죄악감을 느끼고 있던 학생이었다. 성욕의 해소 이전에 성 자체에 대해 아주 당당하고 여유 있게 이야기할 수 있는 분위기가 필요한 것이다.

성적 충동을 무조건 다 해소시켜줄 수는 없다고 하더라도, 우선 그것을 잠재워주는 것이 필요하다. 그래서 나는, 옛날에 원효대사 등의 고승들이 일단 성 경험을 해보고 나서 더 큰 득도得道를 이룩했던 것처럼, 일단 성에 대한 욕구를 이것 저것 따지지 말고 능동적으로 풀어보라고 권하고 싶다.

Ⅳ-27

내가 성에 대해서 쓴 글을 입에 거품 물고 욕하는 사람들
이 미셸 푸코 등 서구의 성 철학자들이 쓴 것이라면 낙서
조차 신주 모시듯 떠받드는 꼴을 많이 보았다. 그들에게
있어 '채털리 부인'이나 '엠마누엘 부인'의 성희性戱는 멋
진 자유분방함의 표현이고, '순이'나 '사라'의 성희는 그
저 퇴폐적인 방탕일 뿐이다.

Ⅳ-28

나는 한국 사회에서 절대적으로 필요한 것이 '자유'와
'다원多元'이라고 생각한다. 우리 문화는 모든 것이 너무나
획일적이고 유행 추종적이다. 겉으로 야하게 차리고 다니
는 젊은 신세대 남녀들이라고 해도, 모두들 새 '유행'만을
비굴하게 쫓아가고 있다.

Ⅳ-29

　그것은 예술이나 학문 역시 마찬가지다. 외국서 갓 나와 미처 검증되지 않은 예술사조나 철학사조 '포스트모더니즘'이나 '마술적 리얼리즘' 또는 '라캉'이나 '들뢰즈'의 최신 프랑스철학 같은 것이 좋은 예다를 사대주의적 자세로 흉내내는 자들이, 가장 참신한 예술가나 지식인으로 대접받는 사회가 바로 한국 사회다.

Ⅳ-30

　정신없이 글쓰기를 끝내면 반드시 내게 정밀靜謐한 마음이 찾아든다. 그럴 때마다 나는 담배를 한 개비 꺼내 피우며 한결 맛있고 고소한 담배맛을 느낀다. 문득 '천상천하유아독존天上天下唯我獨尊'이라는 불타의 선언이 상기되고, 인간은 역시 혼자 있을 때 가장 행복하다는 사실을 절감하게 된다. 나는 역시 나 혼자 있을 때 가장 행복했다. 우정이나 애정도 마찬가지였다. 중고교 동창생도 아니고 애인도 아니었다. 나는 역시 나 혼자 있을 때 제일 행복했다.

예술이 갖고 있는 '카타르시스대리배설의 실제적 효용'에 대하여 명확한 입장을 정립해두는 것이 필요하다. 단언하 건대 카타르시스의 실제적 효용은 '인간의 본능 가운데 가장 근원적인 욕구인 성욕과 파괴욕또는 죽음의 욕구, 사디즘 및 마조히즘의 피·가학 욕구을 대리적으로 충족시켜, 그러한 효과가 생활 전반에 활력을 주어 여러 가지 일반적 소망도 아울러 달성 시키는 역할을 해주는 데' 있다.

문명사회 속의 인간은 언제나 과도한 초자아超自我의 간 섭 때문에 윤리적·도덕적으로 억압되어 있어, 자연 상태 그대로의 인간이 가지고 있는 본원의 생명력을 발휘하지 못하고 계속 이중적 위선으로만 흐르고 있다. 약육강식의 원리에 따라 지배되는 생태계에 있어 도덕적 연민이나 동 정 따위의 성정性情은 원칙적으로 존재하지 않는다. 오직 잔인한 행위를 바라보면서 느끼는 공포감이나 잔인한 행 위를 하면서 맛보게 되는 사디즘적 쾌감만이 존재할 뿐이 다. 그래서 성욕 또한 '무시무시한 것' 또는 '공포스러운 것'을 받아들이는 태도에 따라 달라지게 되는 사디즘과 마조히즘의 두 가지 양상으로 체험된다. 그러므로 예술작 품이 도덕적이고 윤리적인 교훈서로서의 효용을 지니기를 요구하는 것은 무리라고 생각된다. 아니 '무리' 정도가 아니라 오히려 예술 수용자들의 인생을 더욱더 위장된 이중인격과 억압된 운명의 질곡 속으로 빠뜨려 버릴 위험성마저 있다.

Ⅳ-32

예술성이란 대체 무엇인가? 그것은 아름다움을 추구하되 솔직한 본능에 맞춰 추구하는 것이고, 부질없는 죄의식이나 위압적 도덕률에 굴하지 않고 상상적 창조행위를 통해 진부한 사회규범을 무너뜨리는 것이다.

'금지된 것에의 도전'이 곧 예술성의 핵심인바, 이는 수구적 봉건윤리와 위선적 가치 규범을 혁파하여 누구에게나 진정한 자유가 보장되고 누구나 행복해질 수 있는 민주적 복지지상주의福祉至上主義 사회로 가기 위한 노력이라고 할 수 있다.

Ⅳ-33

스포츠나 기타 취미활동도 스트레스 해소에 도움을 주기는 하지만 근치根治에 까지는 이르지 못하는 것 같다. 역시 인간의 잠재의식 깊숙이 자리잡고 있는 원초적 욕망을 해소시켜줘야만 근본적으로 스트레스가 풀린다.

인간의 모든 정신적·육체적 갈등은 우선 잠재의식 속에 쌓여 있는 성욕과 공격욕을 풀어야만 해소된다. 그런데 이 두가기 욕구를 직접적인 방법으로는 도저히 만족시킬 도리가 없다. 누구를 죽인다거나 마구잡이로 강간을 자행할 수도 없는 일 아닌가. 이럴 때 필요한 것이 바로 '인공적人工的 길몽吉夢'으로서의 예술인 것이다.

Ⅳ-34

다시 한 번 꼼꼼하게 읽어본 도스토예프스키의 『죄와 벌』은 소냐가 너무 성스럽게 묘사돼 있었고, 그녀의 처지로 볼 때 도무지 같잖은 설교만 늘어놓고 있었다. 나는 기독교적 설교쟁이에 불과한 도스토예프스키가 한국에서 왜 그토록 요란하게 숭배받는지 그 까닭을 알 수가 없다.

Ⅳ-35

이육사의 시 「청포도」의 주제는 '조국 광복에의 염원' 이 아니라 '청포도는 맛있다'이다. 그 시 어느 구절에도 조국에 대한, 그리고 광복의 그날에 대한 상징은 찾아볼 수 없다. 만약 조국 광복이 찾아오기를 바랐다면 '청포靑袍를 입고 찾아오는 손님'이라고 쓰지 않고 '백포白袍를 입고 찾아오는 손님'이라고 썼어야 할 것이다. 우리 민족은 '백의민족'이기 때문이다. '청포靑袍를 입고 찾아오는 손님'이라는 표현에서 '청포'가 뜻하는 것은 아무것도 없다. 그것은 그저 '청포도'와 발음이 유사하다는 점에 착안한 '펀pun: 말놀이'기법일 뿐이다.

Ⅳ-36

하일지의 소설 『경마장 가는 길』이나 김혜나의 소설 『제리』는 굉장히 야하다. 그런데 검열審議에 안 걸린 이유는 거기에선 삽입성교만 다루기 때문이다. 즉 노말한 것만 말이다. 하지만 나는 삽입성교는 상투적인 것이라서 재미가 없는 성애라고 생각하여 이른바 변태성욕만을 다루기 때문에 늘 검열에 걸린다.

Ⅳ-37

조정래의 『태백산맥』과 『아리랑』을 큰 맘 먹고 사서합쳐서 무려 22권! 읽어보다 말았는데너무 지루해서 두 소설 다 소설이 아니라 '이데올로기적 설교'였다. 소설이 예술성을 획득하려면 정치적, 도덕적, 종교적 주장에서 자유로워져야 한다. 소설을 인문학적인 교양 교과서로 만들면 안 된다.

Ⅳ-38

톨스토이가 늙은 나이에 가출하여 객사한 것은 그의 휴머니즘적 고뇌의 결과가 아니라, 자신도 모르는 위선적 이중생활로 인한 자포자기적 자학과 수십 년에 걸친 부부 싸움의 결과였다. 톨스토이는 말하자면 위선적 도덕과 시혜의식施惠意識으로 솔직한 본능을 억누르려고 헛되이 애쓰다가, 장기간의 소모적 투쟁에 지쳐 객사하게 된 것이다.

Ⅳ-39

빅토르 위고의『레 미제라블』에 나오는 장발장 역시 출신성분에 비춰볼 때 너무 갑자기 부자가 되고 너무 성자처럼 굴었다. 또 그의 양딸인 코제트는 하층계급 출신인데도 불구하고 너무 아름답고 너무 귀티 나고 너무 천사 같았다.

Ⅳ-40

에밀리 브론테의『제인 에어』는 제인 에어가 예쁘지 않은 얼굴인데도 불구하고 왜 부자 귀족 로체스타가 그녀를 미칠 듯이 사랑하는지에 대한 적절한 해명이 없었다.

마찬가지로 마거릿 미첼의『바람과 함께 사라지다』역시 그 첫 줄이 "스칼렛은 결코 예쁜 얼굴이 아니었다"로 시작되고 있으면서도, 그녀가 결국 미모 하나로 역경을 헤쳐나가는 스토리가 전개되고 있었다.

Ⅳ-41

밀란 쿤데라의『참을 수 없는 존재의 가벼움』은 우선 들입다 잘난 체 해대는 현학적인 담론들에 골치가 쑤셨고, 시골 카페 여급 출신인 테레사가 갑자기 애국적인 여류 사진작가로 격상되는 과정이 도무지 이해가 가지 않았다.

Ⅳ-42

나는 박경리의 대하소설『토지』모두 20권를 사서 읽다가 문장도 일본어식이고 내용도 지루해서 욕이 나왔다. 그래서 두 권 읽다가 그만두었다. 돈이 정말 아까웠다.

Ⅳ-43

무라카미 하루키의『노르웨이의숲 상실의 시대』에 나오는 남주인공은 대학생치고는 너무 어른스럽게 실존적인 고민을 하고 있고, 무라카미 류의『한없이 투명에 가까운 블루』는 실컷 섹스를 즐기다가 "그러고 보니까 허무하더라"로 결말을 맺어 양다리 걸치기식式 교훈주의로 도망가고 있다.

IV-44

막스 밀러의 『독일인의 사랑』, 헤르만 헤세의 『데미안』 — 지나친 관념의 사치요, 정신우월주의다.

IV-45

아리스토텔레스는 『시학』에서 문학의 효용가치가 '카타르시스' 작용에 있다고 말했는데, 카타르시스란 '사디스틱한 성욕과 마조히스틱한 성욕의 대리배설'이란 뜻이라고 나는 본다. 정신적으로 억압·축적된 성적性的 욕구를, 강자强者가 느끼는 연민을 통해 사디즘으로 맛보고, 약자弱者가 느끼는 공포를 통해 마조히즘으로 맛본다고 보는 것이다.

IV-46

우리 문학은 이제 소설가 춘원春園 이광수식式 계몽주의와 플라톤식式 도덕적 엄격주의를 버려야만 한다. 그리고 간행물윤리위원회는 한시바삐 '플라톤의 돋보기' 같은 검열을 멈춰야 한다.

Ⅳ-47

유명한 연애소설의 경우 대개의 여주인공들은 젊은 나이에 불치병이나 사고로 죽는다. 왜 그럴까? 물론 영원한 사랑, 죽음을 초월한 사랑을 보여주려 했다고 작가는 말하겠지만, 사실 작가의 마음속에서는 그 여자를 진짜 죽여버리고 싶었기 때문이다. 너무 오래가는 사랑은 권태와 짜증을 불러일으키기 때문이다.

Ⅳ-48

나는 소설, 시, 수필 등 모든 문학 장르를 통틀어 인공적 人工的 길몽吉夢을 통한 대리배설카타르시스 효과에 중점을 두고서 집필하고 있다. 현실 그대로를 그려서는 재미가 없다. 인공적 길몽이란 퇴폐적이고 변태적인 꿈을 말한다. 모든 길몽은 부도덕한 쾌락에 기초하고 있다.

Ⅳ-49

예술이 고귀한 이유는 어떠한 이성적 이론으로도 재단할 수 없는 무한한 상징의 보고寶庫이기 때문이며, 그 원천이 아직도 과학이 해결 못하고 있는 여러 가지 형이상학적 진실에 뿌리내리고 있기 때문이다. 그래서 진정한 예술가는 예언자가 되고 치외법권자가 된다.

Ⅳ-50

내가 여러 장르의 글들을 많이 창작하는 일을 강담할 수 있는 이유는 마음이 게으르고 한가하기 때문이다. 마음이 한가하다는 것은 늘 백일몽적 판타지에 잠겨있다는 뜻이다.

Ⅳ-51

한국인의 심리적 특질은 '은근과 끈기'가 아니라 '촌티와 심통'이다. 촌티는 자유의 가치를 불신할 때 생기고 심통은 질투심을 못 참아내는 성벽에서 생긴다.

Ⅳ-52

섹스에 대한 통제는 바로 정신에 대한 통제이다. 섹스 자유화 운동은 정신에 대한 자유화 운동이 아닐까 생각한다. 판매 금지된 나의 성해방 소설 『즐거운 사라』가 정말 소중하게 생각된다. 많은 사람들이 읽어서 알아야 할 텐데⋯⋯. 참으로 안타깝다.

Ⅳ-53

솔직히 말해서 나는 현재 우리나라엔 18세기의 볼테르나 루소 정도 수준의 합리론자나 계몽주의자조차 없다고 생각한다. 그러므로 참담할 정도로 문화적 후진 상태에 놓여있는 한국에서는 우선 지성과 합리성이 여전히 강조될 수밖에 없다.

Ⅳ-54

예술적 표현은 작가의 독창적 사색이 미약할수록 난해해지는 경향이 있다.

Ⅳ-55

정신적 고통을 정밀묘사한 문학작품은 많이 보았어도, 육체척 고통을 정밀묘사한 문학작품은 본 적이 없다. 마찬가지로 '먹는 행위'를 정밀묘사한 작품은 많아도 '싸는 행위'를 정밀묘사한 작품은 없다. 나는 『권태』라는 소설에서 똥 싸는 행위를 20여 페이지에 걸쳐 정밀묘사해보았는데, 그 점이 나는 썩 자랑스럽다.

Ⅳ-56

문학이 진정한 예술로 거듭나는 길은 문학에서 정치적·사상적·종교적·역사적 요소들을 다 빼버리는 데 있다. 그러면 문학이 한낱 '교양서'나 '인문학적 해설서'로 전락하는 것이 아니라 진정한 예술로 승화될 수 있다. 나는 한국 작가들 중에서 유일하게 그런 '예술지상주의적' 문학을 지향하는 작가다. 나는 교양주의 문학을 배척한다.

Ⅳ-57

'청소년 보호법' 때문에 미칠 지경이다. 그 법이 생긴 이후로 내가 내는 소설들은 거의가 '19금ᙇ' 판정을 받아 판매를 원천봉쇄당하고 있다. 특히 나처럼 문단에서 '빽'이 없는 비주류 작가에겐 더욱 그렇다. 청소년을 볼모로 하는 문화탄압이 계속되면 문화도 망치고 청소년도 망친다. 섹스 역시 '아는 것'이 '힘'이다.

Ⅳ-58

우리나라의 모든 장르의 예술가들에게 '상상의 자유' '상징적 판타지의 자유'가 부여되지 않는 한, 한국 예술은 더 이상 발전할 수 없다. 나는 이념의 무게에 짓눌려 질식 상태에 있는 우리나라 예술에 한 가닥 숨결이라도 흘려보내주려는 의도에서, 나의 관능적 판타지들을 '발가벗겨' 보이는 작업을 지금까지 시도해왔다. 그러나 주위의 너무나 많은 매섭고 답답한 눈초리들이 나를 지치고 피곤하게 한다.

V

마광수의 추억관

내가 흡입한 여자들

"『즐거운 사라』에 나오는 국문과 교수 '한지섭'은 저의 분신이죠. 실제로 홍대 교수 시절, 사라 같은 미술대 여학생과 진한 연애를 했습니다. 솔직히 말해서 제자들과 연애를 가장 많이 했습니다. 그런데 『즐거운 사라』 필화 사건 이후론 사건 후유증 때문에 쭉 굶었지요."

V-1

예전에 나와 연애했던 S라는 여인이 생각난다. 그러나 그녀는 연애 도중에 내게서 떠나가 버렸다. 물론 그녀는 여러 가지 핑계를 대었다.

그러나 지금 와서 그 시절을 생각해보면, 그녀가 내 곁을 떠나간 진짜 이유는, 역시 내가 '아부'를 해주지 않았다는 데 있는 것 같다. 그래서 나는 지금 '사랑'은 거짓말을 필요로 한다는 사실을 절실히 깨달아가고 있다. 쑥스럽고 어색하더라도 남자는 여자한테 '사랑해'라는 말을 끊임없이 되풀이해줘야만 한다.

연애행위에 있어 '이심전심'이란 말이 실제로는 잘 통용되지 않는다는 사실을 깨닫고 보니, 그런 사실의 발견이 나를 슬프게 한다.

V-2

〈내가 1992년 8월에 어느 여대생에게 쓴 바보 같은 연애 편지〉

○○에게

오늘 네 편지를 받았다. 그 동안 내가 얼마나 네 편지를 기다렸는지 아느냐?

지난 번 전화했을 때 어머니가 곁에 계셔서 겨우 "더워 죽겠다"는 얘기 밖에 못했지만, 정말 네가 보고 싶어서 환장할 지경이었다. 여름은 워낙 더운데다 특히 네가 없으니까 완전히 우울증에 빠져버렸다. 네가 내 곁에 있다가 없으니까 더하지.

왜 스페인으로 어학 연수를 갔니? 가자마자 편지를 보내올 줄 알고 이제나 저제나 학교 POST BOX를 뒤져보다가, 아주 지쳐버려서 자꾸 이상한 짓_{예컨대 다른 사람에게 화풀이를 하는 것}을 할 지경에 이르렀단다. 그래서 내가 생각해본 건, '과연 네가 조금이라도 날 보고 싶어 할까?'라는 생각이었다.

편지를 받고 반가웠고, 국제전화를 받은 것까진 좋았으나, 전화로도 단 한마디 정다운 소리 없고, 편지에도 "애인 있는 여자를 혼자 스페인으로 보내면 안 된다. 바람날 테고 눈이 높아질 테니까……" 운운 하는 소리를 들으니 좀 맥이 빠지고 있다.

하지만 나는 네가 돈 보내라고 한 날, 하루 종일 기분이 유쾌했단다. 단지 네 목소리를 들을 수 있었다는 사실 한 가지 때문인 것 같았다. 돈을 부치긴 했는데 잘 들어갔는지 모르겠다. 조금 아까 은행에 전화를 해봤더니 되돌아오지 않았다고 한다. 그쪽 사람 이름만 있고 전화번호가 없어서 은행에서 자신이 없다고 하기에 조금 걱정이 됐었지. 전화로는 네가 우는 소리를 했는데 일부러 그런 것 아냐? 아무튼 편지와 엽서를 보니 유쾌하게 지내고 있는 것 같아 안심이 된다.

난 네가 좀 일찍 오면 잠깐이라도 너랑 함께 피서를 가려고 했는데, 이번 여름은 완전히 잡친 것 같구나. 네가 보고 싶어서_{상사병 비슷한 것} 아주 탈진 상태가 되고 다른 것들은 다 귀찮아져서 아무데도 섞이고 싶지가 않아, 그냥 하루하루를 때워나가고 있을 뿐이다. 골치아픈 일도 많고.

아무튼 나는 한 여자를 만나면_{그냥 심심해서 만난 게 아니라 좋아서 만난거니까} 그냥 열정 속으로 빠져들어가게 되고, 또 네가 떠난 뒤에 보니 그동안 내 생활 가운데 네가 얼마나 많은 비중을 차지했나를 실감하게 되었다. 그래서 자꾸 이렇게 보채대는 말을 하게 되는데, 너도 좀 내게 좋아한다는 표현을 해줬으면 하는 바람이다. "사랑한다"면 더욱 좋고.

그곳에 가서 네가 과연 나를 어떻게, 그리고 얼마나 생각했는지 정말 궁금해진다. 하긴 네가 전혀 내 생각을 안했다 해도, 내가 금방 토라져버릴 만큼 용기 있는 사람은 못 되지만 말이다. 그만큼이나 나는 네게 사랑을 걸고 있고, 이 사랑이 마지막 사랑이 될 것 같은 예감을 느끼고 있다. 그러니 내가 지금 더욱더 우울·불안·고독에 시달리고 있을 수밖에 없지 않겠느냐.

내 소설 『광마일기』에 나오는 여자 '지나'가 외국 갔다 돌아와 남자 주인공을 보고 사랑한다고 말하며 웃는 것처럼, 네가 빵끗 웃으며 내 앞에 나타날 때를 기다리고 있겠다. 오자마자 연락하도록 하여라. 좀 더 야한 '애정 표현 기교'를 그곳의 분위기에서 배워 오면 더 좋고.

1992. 8. 6 광마狂馬 가.

V-3

1992년 봄의 일이다. 나는 그때 인기 만땅이어서 많은 독자들의 전화를 받았다. 그중에 외국어대학교 스페인어과에 다니는 B가 있었다. 그녀는 내게 전화를 걸어 자신의 손톱이 무척 길다고 자랑해댔다. 그때 나는 너무나 많은 여성 독자들의 '꼬심'에 지쳐 그녀를 별로 탐탁지 않게 생각했다.

그래서 대충대충 전화를 받아주기만 했는데, 그녀가 계속 전화를 걸어 자기가 '미스 덴탈'로 뽑혔으며 화장도 아주 진하게 한다고 계속 꼬셔대는 것이었다. 게다가 그녀는 대학 1학년생이라고 했다. '미스 덴탈'이란 치과의사협회에서 가장 치아가 예쁜 여성을 선발하는 대회인데 아무래도 얼굴을 더 볼 것 같은 생각이 들었다. 그리고 대학 1학년생 새내기가 손톱을 기르고 화장까지 진하게 한다는 말에 호기심이 발동했다. 하여 나는 드디어 그녀를 연세대 앞의 한 카페에서 만나게 되었다.

걔를 보자마자 나는 깜작 놀랐다. 1학년생이 너무 화려한 치장과 진한 화장을 하고 있었기 때문이었다. 손톱도 정말 길디길었다. 게다가 한 손톱마다 세 가지 색깔의 매니큐어를 바르고 있었다……!

그래서 나는 그만 뿅 돌아버렸고, 잡담 제하고 모텔로 가서 벌거벗고 놀자고 제의했다. 그랬더니 B는 전혀 사양 않고 당장 OK를 하는 것이었다. 그날 우리가 간 곳은 내가 단골로 가던 합정동의 '준희빈' 모텔이었다 지금도 있다.

　방에 들어서기가 무섭게 우리는 먼저 웃옷부터 벗었다. 그리고 끊임없이 계속되는 펠라티오와 쿤닐링구스……. 나는 대학 1학년생의 성적 대담함에 혀를 내두를 수밖에 없었고, 그녀의 섹스 기술에 머리가 팽 돌아버렸다…….

　그런 다음 우리는 자주 만나 함께 페팅을 했다. 그러다가 나는 그해 10월에 『즐거운 사라』 사건으로 잡혀가게 되었다. 그리고 두 달 동안 감옥에 있다가 나오니 그녀는 전혀 연락을 해오지 않는 것이었다. 내가 전화를 걸어도 통 받지를 않았다.

　나쁜 년……. 그년은 내가 사회적으로 매장되자 나를 거들떠보지도 않게 된 모양이었다. 나를 사랑한 게 아니라 오직 나의 '유명세'를 사랑했던 몹쓸 년이었다. 그년은 모델 지망생이었는데 나를 이용해 출세하고 싶었던 것이었다. 과연 몇 년 후 어느 여성 잡지 화보를 보니 그년은 모델이 되어 있었다.

　나쁜 년……!

V-4

훌륭한 페팅이나 섹스를 위해서는 여자의 '소리'가 중요한 요소로 작용한다. 남자도 소리를 내지만, 쉬어빠진 신음소리라서 영 밥맛이 없다. 섹스에 민감한 여자는 조금만 자극해줘도 큰 소리를 낸다. 곁에서 듣는 사람이 있다면 무슨 살인사건이라도 나는 걸로 착각할 정도이다.

나와 페팅이나 섹스를 할 때, 크게 악쓰듯 비명소리를 낸 여자는 단 한 명이었다. 내가 여자 경험이 많지 않아서 그런지도 모른다.

그 여자는 내가 1985년34세에 만났던 어느 젊은 여성이다. 그녀는 내 시의 애독자였는데 아주 댓자곳자로 내게 접근해 왔다. 나도 한창 혈기방창했던 시절인지라 그녀의 프로포즈를 서슴없이 받아들였다.

우리가 맨 처음으로 간 곳은 혜화동 성균관대 근처에 있는 '카사노바'라는 룸 카페였다. 연세대 앞에서 만나면 아무래도 들킬 염려가 있기 때문이었다. 또 그 카페는 대낮에도 촛불을 켜야만 겨우 서로를 볼 수 있을 정도로 어두운 곳이기 때문이기도 했다.

우리는 마주 앉지 않고 옆으로 탁 붙어 앉아 거센 페팅으로 들어갔다. 내가 그녀의 짧은 미니스커트를 걷어 올리고 팬티를 벗긴 다음에 내 손가락으로 그녀의 음부를 자극해주었다. 그러자 그녀는 아주 살짝 만졌는데도 큰 소리로 비명을 질러대는 것이었다. 다른 손님들이 들을까봐 나는 아주 당황스러웠다. 음악 소리가 커서 다행이었다.

나의 본능은 손가락 터치를 계속하게 하였다. 점점 거칠게 찔러대자 그녀는 아주 자지러졌다. 계속해서 요란한 비명소리가 터져나왔다. 그런데 그 소리가 나를 한없이 흥분시키는 것이었다.

이윽고 나는 동물적 본능이 발동하여 바지를 벗고 팬티도 벗어버렸다. 그녀도 머뭇거리지 않고 나를 따라 아랫도리옷을 다 벗었다. 그리고는 헐떡이는 펠라티오와 쿤닐링구스…….

그녀의 날카로운 비명소리는 점점 더 커져갔다. 신기했던 것은 그녀가 내 자지를 빨아줄 때도 신음소리를 크게 내었다는 사실이다. '청각'이 섹스에 굉장히 중요한 요인으로 작용한다는 것을 그때 나는 확실히 깨달았다. 허나, 그녀가 나를 '사랑'하지 않았더라면 절대로 신음과 비명을 내지르지 않았을 것이다.

그리운 추억 속의 여인이 된 그녀…….

지금은 어디서 무엇을 하고 있을까…….

그녀 이후로 나는 섹스를 할 때 여자의 그토록 거친 신음소리나 악쓰는 듯한 비명소리를 들어보지 못했다.

아아, 그리운 그 사랑의 신음소리여…….

Ⅴ-5

내가 쓴 소설 『즐거운 사라』를 보면 사라와 그녀의 친구 정아, 그리고 정아의 애인 셋이서 1:2로 하는 섹스 장면이 나온다. 이 부분이 검열에 걸려 내가 잡혀가는 한 원인으로 작용하였다. 그러나 20년의 세월이 흐른 지금의 시점에서 보면 쓰리썸 섹스는 이제 우스워졌고, 아예 집단혼음, 스와핑 등이 현실화되고 있다. 내가 쓰리썸 섹스를 그렸던 것은, 그것이 나의 평소 소망이었기 때문이다.

여자 둘이 서로 동성연애를 하고 그들 두 명이 다 나를 사랑해준다면 얼마나 좋을까 하는 생각을 나는 늘 견지하고 있었다. 그래서 '사라'를 양성애자로 그리고, 정아를 백치미의 화신으로 그려 그녀들 둘이서 한 남자를 즐겁게 해주는 장면을 묘사해 본 것이었다.

나는 지금도 그런 공상을 자주 하곤 한다. 그리고 그런 공상의 이면에는 내가 1981년도 쯤에 한 쓰리썸 섹스의 추억이 자리잡고 있다.

그때 나는 홍익대의 젊디젊은 인기 교수였고, 또 미혼이었다. 그래서 나는 학생들에게 인기 만땅이었고, 나를 쫓아다니는 여학생들이 부지기수로 많았다.

그중에서 두 명의 미술대 여학생이 있었는데, 그들은 서로 퍽 친했다. 물론 둘 다 나하고도 친한 사이였다. 그때는 내가 무지막지하게 철판 깔고 지내던 때라서, 나는 그녀들에게 쓰리썸 섹스를 한번 해보자고 제의하였다. 물론 아주 간단히 흉내 내는 정도였지만 말이다.

우리가 간 곳은 홍익대 앞의 한 룸 카페였다. 우리는 셋이서 술을 거나하게 마신 후, 드디어 장난 같은 1:2의 페팅을 시도하였다. 한 여자는 나의 페니스를 빨고, 한 여자는 나와 진한 키스를 하는 식이었다. 두 여학생은 하나도 주저하지 않고 나의 응석을 받아주었다. 이하 자세한 사건 서술 및 묘사는 생략!

아무튼 1980년대는 무척 야했던 시절이었던 같다. 정치적으로 암울한 시대였기에 더 발악적으로 야했는지도 모른다. 노래도 그때 좋은 노래가 얼마나 많이 나오는가?

아아…….

그리운 그 시절이여…….

문득 내 대학 시절의 추억 한 토막이 떠오른다. 그때는 초미니스커트의 전성시대였고 히피들이 설쳐대던 시절이었다. 그때 미국에서는 '스트리킹'이라는 게 유행했는데, 스트리킹이란 사람들이 많이 왕래하는 곳에서 벌거벗고 유유히 걸어가거나 뛰어가는 것을 말한다. 일종의 히피풍의 자연 복귀 운동의 하나로서, 누디즘을 데몬스트레이션으로 즐기는 풍습이었다. 우리나라에서도 스트리킹을 시도한 대학생이 한두 명 있었는데, 대낮에 당당하게 발가벗고 뛴 게 아니라 밤중에 술을 마시고 그 술기운을 빌어 외진 골목길을 뛰어가는 정도였다. 그런데도 그들은 경찰서로 끌려가 처벌을 받았다.

나도 그때 스트리킹 비슷한 경험을 해본 적이 있다. 서울의 대로변이 아니라 내설악 백담산장白潭山莊 부근의 계곡에서였지만, 그래도 스트리킹은 스트리킹이었다. 나 혼자만 발가벗고 있었고 같이 갔던 친구들은 다 옷을 입고 있는 상태였으며, 더욱이 그들 가운데는 여자도 섞여 있었기 때문이다.

그때 우리는 여름방학을 이용하여 남자 세 명과 여자 세 명이 함께 어울려 설악산에 갔다. 그리고 백담산장에 머물면서 설악산의 이 계곡 저 계곡을 찾아다니며 놀았는데, 그 당시만 해도 내설악에는 등산객이 별로 없어 아주 한적한 곳이 많았다. 백담산장에 도착해서 하룻밤을 자고 그다음 날 우리 일행은 가야동 계곡까지 올라가 버너로 점심을 해 먹으며 하루 종일 계곡물에 발을 담그거나 수영을 하며 놀았다.

여자 애들도 수영복을 준비해 가지고 와서 멱을 감고 놀았고 남자 친구들도 마찬가지였다. 그런데 나는 워낙 수영을 못 하는 데다가, 갈비뼈만 기타 줄처럼 앙상하게 드러나 있는 내 빈약한 몸뚱어리를 노출하기 싫어하는 성미였기 때문에, 수영복을 준비해 가지 않았었다.

그런데 남들이 다 신나게 물장난을 치며 노는 것을 보자 나도 갑자기 괴상한 오기가 발동하여 용감하게 윗도리를 벗어부치고 헐렁한 팬티 하나만을 입고 앉아 있었다. 그런데 그 팬티라는 것이 여간 촌스러워 보이는 게 아니었다. 팬티라는 게 고작 성기 부분만 조금 감추는 역할을 해주는 것뿐인데, 그것이 차지하는 면적을 보면 사실 옷을 안 입은 거나 마찬가지다. 지금 생각해보니 그때만 해도 나에게는 낭만적 열정이 있었고 패기가 있었고 당당한 광기狂氣도 있었던 것 같다.

나는 갑자기 이상한 충동을 느껴 졸지에 팬티를 벗어서 내팽개쳐 버리고 물속에 들어가 멱을 감기 시작했다. 그 해괴한 광경을 본 남녀 친구들이 아연실색해했을 것은 뻔한 일. 그런데 그들이 어쩔 줄 몰라 하며 어색한 표정을 짓는 것을 보자 나는 오히려 점점 재미가 났다. 그래서 아예 내 썩은 장작개비 같은 알몸뚱이를 물 밖으로 끄집어내어 그들 앞에 적나라하게 공개하고 말았다. 처음엔 여자 애들은 질겁을 하고 고개를 돌리고 남자 친구들은 나를 뜯어 말리느라 야단법석을 떨었다.

그러나 내가 태연하게 발가벗은 채로 여기저기를 왔다 갔다 하면서, 뭘 이까짓 것 가지고 그렇게 호들갑을 떨어 대느냐, 여기는 내 설악 깊숙한 골짜기로 우리들만의 세상이 아닌가, 그러니 나는 맹세코 하루 종일 순수한 자연아自然兒로 돌아가겠다고 선언하자 차츰 그들도 내 지랄발광에 동감을 표시해 오는 것이었다. 그래서 나는 그날 하루 종일 계곡에서 밥을 지을 때나 밥을 먹을 때, 또는 우리가 둘러앉아 트럼프 놀이를 할 때에도 계속 발가벗고 지냈고, 그다음 날도 마찬가지로 행동했다.

남자 친구들은 자기네가 나처럼 훌훌 벗어젖힐 수 있는 용기를 가지고 있지 못한 것에 대해 하늘을 우러러보며 한

탄까지 해댔고, 여자애들은 나를 무슨 천재적 기인奇人이라도 되는 양 우러러보며 찬탄과 존경의 눈빛을 보내오는 것이었다. 그래서 나는 서울의 탁한 공기 속에서가 아니라 맑고 신선한 대자연의 품속에서 아주아주 유쾌하게 마음껏 스트리킹을 즐길 수 있었던 것이다. 정말로 다시는 돌이키기 어려운 건강한 치기稚氣의 세월이었다.

물론 우리나라에서 그런 식의 스트리킹을 시도해본 것이 내가 처음은 아니다. 변영로가 쓴 『명정酩酊40년』이라는 책을 보면 「백주白晝에 소를 타고」라는 수필이 들어 있다. 그 글에는 1920년대에 변영로와 염상섭 그리고 오상순 등이 모여 성북동 산골짜기에서 소주를 마시며 야유野遊를 즐기다가, 세 사람이 몽땅 발가벗고 광가난무狂歌亂舞했다는 얘기가 나온다. 그러고 나서 그들은 술기운을 빌어 골짜기에 매어 있는 소를 잡아 타고 혜화동 로터리까지 진출하려고 기도했다는 것이다. 하지만 그들이 벌인 스트리킹은 남자들끼리만의 스트리킹이었다. 비록 설악산 깊은 계곡에서였을망정, 나는 여자들 앞에서, 그것도 술의 힘을 빌지 않고 맨정신으로 태연하게 벗고 설쳐댔다는 데 의의가 있는 것이다.

나중에 서울에 돌아온 뒤에 남자 친구들이 내게 솔직히

고백한 말이 있다. 자기네들도 나처럼 발가벗고 있고 싶었지만, 수영복 입고 반라半裸의 몸으로 왔다 갔다 하는 여자애들을 보니 페니스가 울뚝불뚝 발기해대는 통에 영 엄두가 안 나더라는 것이었다. 그러고는 나에게 아주아주 진지한 목소리로, 어쩌면 그렇게 계속 벌거벗고 있었는데도 페니스가 한 번도 발기하지 하고 계속 축 늘어진 상태로만 있을 수 있었느냐고 묻는 것이었다.

　나는 그들이 나를 바라보는 눈초리가 마치 여색을 초월한 도사를 우러러보는 듯하여 아주 우쭐한 기분이 들었다. 그런데 그 친구들이 나중에 조심스러운 어조로 덧붙이기를, 너 혹시 임포, 다시 말해 발기불능 아니냐 하고 격정스럽다는 듯한 표정으로 말을 해왔기 때문에 난 기분이 잡쳐버렸었다.

V-7

나는 어려서 갓난아기일 때 어머니가 영양부족이었던 관계로 모유를 한 방울도 못 얻어먹고 자랐다. 6·25 난리통이라 우유도 없었고 고무젖꼭지도 물론 없어서 나는 숟가락으로 떠먹여주는 좁쌀미음을 받아먹고 겨우겨우 자라났는데, 말랑말랑하고 부드러운 살덩어리인 엄마 젖꼭지와 차디찬 금속제 숟가락이 주는 촉감의 차이는 엄청날 수밖에 없다. 내가 얼치기 사디스트가 되어버린 것도 그놈의 차가운 금속제 숟가락과 관련이 있을지도 모른다. 지금까지 내가 오럴섹스에 유별나게 집착한 이유가 혹시 어렸을 때 엄마 젖을 못 빨아먹고 자란 데 있는 것은 아닐까……

나는 하루 종일 담배를 입에 물고 있다시피 하고 목구멍이 아프다는 핑계로 해태제과에서 나오는 허브큐 사탕을 늘 물고 지내는데, 이빨이 약해서인지는 모르겠으되 아직껏 나는 사탕을 깨물어 먹어본 기억이 없다. 언제나 입속에서 이리저리 굴려가며 천천히 빨아먹는다.

마시는 술은 언제나 맥주. 학창 시절엔 막걸리를 많이 마셨는데 요즘은 맥주로 바뀌었다. 막걸리를 파는 집도 별로 없을뿐더러, 막걸리의 알코올 도수가 8도로 높아졌기 때문에 아무래도 맥주보다 적은 양을 마실 수밖에 없는 탓이기도 하다. 예전엔 막걸리가 5도였었다. 맥주는 알코올 도수가 4도이니 내 입술과 목을 질금질금 끈질기게 적셔줄 수 있는 것이다. 다시 말해서 계속 빨아댈 수가 있다는 말이다.

학교 선생을 직업으로 택한 것도 오럴섹스와 관련이 있는 게 아닌지 모르겠다. 강의가 없는 방학 때가 되면 왠지 입이 허전해서 못살 것 같은 생각이 들게 되는 것도, 역시 내가 강의를 오럴섹스 대용으로 삼고 있기 때문일 것이다.

어렸을 때 젖을 못먹고 자랐다는 것이 이처럼 평생 동안 영향을 미친다면 정말 억울하고 분통 터지는 일이다. 아니, 젖이라는 내용물이 문제가 되는 게 아니라 핥고 빠는 행위를 못했다는 것이 더 문제가 되겠지. 세 살 버릇 여든 간다는 속담도 있고 사람의 성격은 유아기에 다 결정되어 버린다는 심리학 이론도 있는데, 정말 그것이 사실이라면 인격수양이고 뭐고 통 소용이 없어지는 게 아닌가.

에리히 프롬은 사랑의 형태를 항문적肛門的 사랑과 사디스트적 사랑, 그리고 마조히스트적 사랑과 시장적市場的 사랑 등으로 나누었다. 항문적 사랑이란 유아기 때의 오럴섹스의 단계를 지나 애널섹스anal sex, 즉 배변排便을 통한 성욕의 대리충족을 경험하지 못한 사람이 빠져들게 되는 오로지 소유욕으로서만의 사랑을 말한다. 그리고 시장적 사랑이란 하나를 주면 하나를 받는 식의 계산적인 사랑의 양태樣態를 말한다.

에리히 프롬은 위의 네 가지 사랑은 다 틀려먹은 사랑들이고 진정한 사랑은 오직 상호간의 인격존중을 기초로 하는 생산적 성격의 사랑이라고 떠벌여대었다. 그러기 위해서는 인격도야를 해야 한다는 말인 것 같다. 하지만 우리가 유아기로 역행하여 인생을 다시 새롭게 시작할 수 없는한, 인격도야고 지랄이고 다 말짱 꽝이라는 생각이 든다. 차라리 운명을아니, 유아기 때 만들어진 콤플렉스를 인정하고 그것을 체념적으로 받아들이는 편이 낫지 않을까.

VI
마광수의 철학관

권태는 변태를 낳고 변태는 창조를 낳는다

"쾌락은 어떤 쾌락이든지 질리게 되어 있어. 그러나! 섹스만은 안 질린다. 인생도 뭐든 질려. 심지어 밥도 먹다 보면 질려. 하지만 섹스 자체는 절대 안 질려. 물론 한 여자 한 남자하고만 하면 질리겠지. 당연한 거 아냐? 사랑을 해도 권태가 있잖아. 권태와 변태. 권태로워지면 변태로워지고, 변태로워지면 창조가 나온다. 그게 내 명제야."

Ⅵ-1

일을 하지 않아 고운 손보다 노동으로 단련된 투박한 손이 더 아름답다는 식으로 궤변을 떨지 마라. 노동은 고귀하지 않다. 노동은 고통스러운 것이다. 그러니까 노동을 추방해야 한다. 우리는 누구나 다 편안한 귀족이 되어야 한다. 말하자면 '상향적 上向的 평준화'를 이뤄 내야 한다.

VI-2

추억의 소재가 되는 것들은 대개 당시엔 별볼일 없었던 것들이 많다. 그러나 세월이 지난 뒤엔 그것이 신통방통하게도 아주 감미롭게 뻥 튀겨져, 황홀한 기억이 되어 센티멘탈한 추억의 쾌감을 만들어내는 것이다.

VI-3

항상 생각해보는 것이지만, 우리네 인생은 세 가지 행위의 복합으로 이루어지는 것 같다. '일'과 '사랑'과 '놀이'가 그것이다. 그런데 세 가지 행위를 다 원만하게 이끌어가기란 참으로 어렵다. 일에 몰두하다 보면 사랑이나 놀이에 소홀하기 쉽고, 사랑에 몰두하다 보면 일이나 놀이에 소홀하기 쉽다. 그리고 놀이또는예술에 몰두하다 보면 사랑이나 일에서 처진다.

세 가지를 한꺼번에 충족시키려면 일 자체가 놀이이고 사랑이어야만 한다. 하지만 그게 어디 쉬운 일인가. 그건 사랑을 테마로 한 연극에 출연하는 배우가 무대에서 연기를 하는 동안에나 가능한 일이다.

Ⅵ-4

엄밀히 말해 모든 인간은 이성이라는 권위에 복종하는 대가로 문명생활이라는 팁을 받아먹고 살아가는 마조히스틱한 체질의 노예라고 할 수 있다.

Ⅵ-5

종교란 결국 인간이 갖는 '궁극적 관심'이나 '궁극적 공포'에 대한 안쓰러운 해결책이나 자위책에 지나지 않는다.

Ⅵ-6

남에게 베풀고 나서 느끼는 행복감은 건방진 시혜의식施惠意識과 우월감에서 나오는 만족감일 뿐이지 진짜 행복감은 아니다.

Ⅵ-7

비관주의보다 더 두려운 것이 낙관주의다. 과도한 낙관은 반드시 실패와 좌절을 불러일으키고 결국 그 사람을 파멸로 몰아간다.

Ⅵ-8

계백장군은 그 어떤 명분으로 위장하더라도 가족을 몰살한 잔인한 살인자다. 백제와 신라가 마지막으로 결판을 벌인 '황산벌 전투'에 나가게 전에, 그는 싸움에 지더라도 가족들이 신라 병사들에게 유린되는 것을 미리 방지하기 위해 결전의 각오 표시로 가족들을 모두 죽였다. 내가 만약 계백장군의 부인이거나 자식이었다면 조국을 배반하고 신라에 투항하여 목숨을 보전했을 것이다. 충성, 애국정신, 민족 따위가 무슨 소용이 있는가?

Ⅵ-9

친구에게 우정을 쏟아 그에게 한없이 은혜를 베풀면, 그 친구는 반드시 은혜를 원수로 갚는다. 왜냐하면 은혜를 입는 동안 계속 자존심이 상했기 때문이다.

Ⅵ-10

'자유freedom'를 줘야 '자율autonomy'이 생긴다.

Ⅵ-11

부권父權을 유난히 강조하는 유교 윤리는 자식으로 하여
금 잠재적 적개심을 불러일으켜 그를 평생 동안 사도마조
히즘sado-masochism* 상태에 머물게 한다. 즉 복종의 쾌감과 지배
의 쾌감을 동시에 즐기고 싶어 하는 심성을 만들어주는 것
이다.

Ⅵ-12

한의학에서는 서양의학처럼 정신적 원인에 의해서 생
기는 병을 별로 인정하지 않고 있다. 그래서 이를테면 조
울증이나 무당 내리는 병, 즉 신병神病까지도 약을 통해 치
료하는 경우가 흔하다. 내 보기에 한의학 이론의 골자는
'육체가 정신을 지배한다'는 것이다.

---

* 사디즘과 마조히즘을 합쳐서 이르는 말. 흔히 SM으로 쓴다.

VI-13

정신적 또는 관념적으로 자유화되기는 쉽다. 그러나 자유정신이 육체적으로까지 체화되기란 그리 쉽지 않다. 정신이 육체를 지배하는 것이 아니라 육체가 정신을 지배하기 때문이다.

VI-14

한국 사람들이 점치기를 좋아하고 툭하면 모든 것을 운명에 맡겨버리는 것은 역시 이 사회가 여러모로 불합리하게 움직여지기 때문이라고 나는 생각한다.

VI-15

나는 이성을 통해 육체를 콘트롤하기보다는 육체를 통해 이성을 콘트롤하는 편이 훨씬 더 효과적일 뿐더러, 그런 방법에 의해서만 몸과 마음의 균등한 행복이 이루어질 수 있고 운명의 극복 또한 가능해진다고 믿는다.

Ⅵ-16

자유에 대한 욕구는 곧 놀이에 대한 욕구로 이어지므로, '일할 땐 확실히 일하고, 놀 땐 확실히 논다'는 사고방식을 자유주의 정신에 따른 최선의 생활관으로 정착시킬 필요가 있다. 노는 것 자체가 악惡에 가까운 것으로 간주될 때, '일할 땐 노는 것을 그리워하고, 놀 땐 일하지 않는 것에 대해 죄책감을 느끼는' 만성적 이중인격이 형성되기 쉽다.

Ⅵ-17

중병 또는 불치병에 걸렸을 때 인간은 운명의 힘 앞에 무릎을 꿇게 되고 자연히 신神을 부르게 된다. 일종의 심리적 공황상태이다. 한마디로 말해 미쳐버리는 것이다.

Ⅵ-18

예수는 "진리가 너희를 자유케 하리라"라고 말했다. 그러나 어떻게 진리가 우리를 자유케 할 수 있겠는가? 진리는 오히려 폭력, 권력, 도그마dogma*가 되기 쉽다. 역사를 보면 진리의 이름으로 사람들을 무참히 죽인 예가 더 많다. 오히려 '자유'가 우리를 진리케 한다.

Ⅵ-19

중국 춘추전국시대의 사상가 고자告子는 '성무선무불선론性無善無不善論'을 주장한다. 인간의 본성本性이란 선善도 아니고 불선不善도 아니라는 얘기다. 즉, 선이니 악이니 하는 것은 모두 정신적 판단에서 나오는 상대적인 가치이므로, 인간의 본성이 선하냐 악하냐 하고 논쟁하는 것조차 무의미하다는 견해이다. 그는 '식색성야食色性也'라고 말했다. 인간의 본성은 오직 식욕과 성욕이라는 것이다. 정신적 윤리나 도덕 따위는 없다는 것이다.

---

* 비이성적이고 맹목적으로 주장되고 신봉되는 명제.

Ⅵ-20

이성에서 오는 즐거움이 맑은 유리처럼 투명한 것이라면, 감성에서 오는 즐거움은 반투명의 유리처럼 환상적인 것이다. 올바른 이성은 '각성'을 주고 독창적 감성은 '황홀'을 준다.

Ⅵ-21

인간을 동물과 똑같이 보면서, 육체의 편안함과 안정을 저해하는 과도한 정신주의의 폐해를 거부하는 것. 즉, 정신우월주의적인 금욕주의나 '신神의 닮은꼴'로서의 인간 중심주의에 빠져들지 않으면서, 육체의 쾌락과 현세의 행복만을 위해 모든 노력을 집중시키는 것이 '육체주의'다. '금욕禁慾'은 특히 육체주의의 적敵이다. 나는 육체주의자다.

Ⅵ-22

인간의 상상력은 사실 갖가지 일탈본능逸脫本能으로 뭉쳐져 있다. 그러나 그러한 일탈본능이 적절한 대리배설의 통로를 찾게 되면, 오히려 인간의 정서를 안정시키고 인간의 '창조적 에너지'를 보다 넓게 확충시킨다.

꿈속에서 가학적인 섹스를 했다고 해서 꿈에서 깨어난 뒤 실제로 강간을 저지르는 일은 없다. 오히려 그런 꿈을 꾼 사람은 정서가 안정되어 창조적인 일에 몰두할 수 있게 되는 것이다. 일탈적인 내용으로 된 꿈을 우리가 '시원한 길몽'이라고 부르는 이유가 바로 여기에 있다.

Ⅵ-23

우리는 우리가 상상하는 대로 존재한다.

Ⅵ-24

백성들의 반란이 일어나 망하게 되더라도 나는 진시황이나 칼리굴라 황제 같은 폭군이 되어보고 싶다. 이건 물론 상상적 소망이다. 상상적 소망까지 억압하면 안 된다.

Ⅵ-25

한국에서는 되는 것도 없고 안 되는 것도 없다.

Ⅵ-26

삼십육계三十六計, 주위상계走爲上計. 싸울 때는 그저 도망가는 것이 최고다. 이겨 봤자 '상처뿐인 영광'이다.

Ⅵ-27

도덕을 지나치게 내세우는 나라는 다 망했다. 소련이 망한 것은 극단적 평등주의 때문이 아니라 개인의 쾌락을 적敵으로 몰아붙였기 때문이다. 미국도 결국 이중적 청교도 윤리 때문에 망할 것이다. 히틀러도 섹스를 오로지 출산의 수단으로만 강조했기 때문에 망했고, 한국의 조선조도 유교적 금욕주의 때문에 망했다. 로마제국도 기독교를 국교로 정해 금욕주의를 지배이데올로기로 삼으면서 망했다. 육체적 쾌락만이 선善이라는 국민적 합의가 이루어지면 그 나라는 실용적 발전을 이루게 된다.

역사는 정치사보다 생활사가 더 중요하다. 문명의 이기나 생활양식의 역사면(面)에서 봐도 인간의 '삶의 질'은 그다지 향상되지 않았다. 이를테면 수세식 변기의 사용 같은 것을 놓고 생각해보면 그렇다. 수세식 변기가 재래식 변기보다 '발전된' 것이라고 보는 사람이 많겠지만, 따져서 생각해보면 그런 것만도 아니다.

한국의 경우 과거의 재래식 변기는 자연보호에 지대한 역할을 했다. 당시엔 분뇨가 단지 '거추장스런 쓰레기'로 취급되지 않고 농토에 뿌려질 귀한 '거름'으로 간주됐기 때문에, 분뇨가 모이면 그걸 오래 삭혀 논밭에 거름으로 뿌렸다. 그런데 수세식 변기를 사용하게 되면서부터 상황은 달라졌다. 분뇨는 그대로 강으로 흘러들어 강물을 오염시키는 주범 역할을 하게 되었던 것이다. 물론 정화조라는 것이 개발되고 분뇨처리장 같은 것이 생겨 상당한 정화효과를 본다고 하지만, 분뇨로 인한 하수오염 문제는 아직도 골칫거리로 되어 있다. 분뇨 대신 화학비료를 쓰면서부터 분뇨가 비료 역할을 못하게 되어 더욱 재래식 변기가 천시됐는데, 화학비료의 남용은 또다른 공해문제를 야기해 토양을 망쳐놓고 있다.

그러므로 '삶의 질'을 종합적으로 따진다고 할 때, 수세식 변기를 사용하게 된 것을 과연 '발전'이라고 할 수 있을지 의문이 간다.

『구약성서』의「창세기」에는 '하느님의 아들들'이라는 표현이 나오고, 그들이 인간의 딸들과 교접하여 우수한 신종인간을 만들어냈다는 기록이 나온다. 그리고「에스겔서」에는 비행접시의 착륙장면과 유사한 묘사가 나오는데, 이는 신의 전능함을 묘사한 것이 아니라 진짜 우주선의 착륙장면을 묘사한 것이라는 게 스위스 학자 데니켄의 주장이다. 그러므로「창세기」에 기록된 '신'의 정체는 외계에서 온 우주인이라는 것이다.

물론 이런 얘기를 전적으로 믿을 필요는 없다. 다만 우리는 외계인에 대한 설이나 목격담 등을 통해 인간이 우주의 중심은 아니라는 생각을 다져나가기만 하면 된다. 상식으로 생각해봐도, 수천억 개의 은하계로 이루어진 이 광대무변한 우주에서 오직 우리 지구인만이 문명을 누리고 있다고 생각하는 것은 난센스다. 그리고 우리가 살고 있는 지금 21세기 초가 '첨단과학 시대'라고 생각하는 것도 난센스다.

Ⅵ-30

도덕이란 물론 소중한 것이고, 도덕의 소중함을 모르는 사람은 없다. 그런데 권력을 가진 이들이 지나치게 도덕을 강조하며 그것을 기득권 유지의 수단으로 삼다보면, 사람들은 곧바로 도덕에 싫증을 느끼게 되고 도덕 불감증에 빠져버리게 된다. 노자가 『도덕경』에서 "도덕을 없애야 도덕이 선다"고 말한 것은 이런 이유 때문일 것이다.

Ⅵ-31

모든 행복감은 찰나의 착각에 지나지 않는다. 인간의 일생은 무조건 비극이다. 석가가 깨달았다는 '고제苦諦'는 그래서 중요하다. 모든 중생들은 오직 고통스럽다는 진리…… 그것을 석가는 평생 동안 설파하였다. 그런 실존적 허무의식을 일단 깨달아야 '고통으로부터의 탈출'이 가능해진다. 막연한 낙관주의처럼 인간을 허망하게 만드는 것은 없다. 즉, 궁할대로 궁해져야만 '통'의 상태가 온다. 비극이 실존의 전부라는 것을 알아야만 우리는 비로소 불행을 극복해낼 수 있다. 절망보다 더 두려운 것이 희망이다. 헛된 희망을 죽여버려라.

141

대학생들은 1, 2학년 때까지는 대학생이 되었다는 기쁨과 대학생만이 누릴 수 있는 멋과 낭만, 그리고 새롭고 진보적인 이론을 접할 때 느껴지는 자각과 그것을 실생활로 실천해야겠다는 투지와 의욕 같은 것들이 한데 뭉쳐 활기차고 명랑한 '캠퍼스 라이프'를 즐긴다. 그러나 3, 4학년이 되면서부터는 차츰 그런 진보주의적 인생관이나 사회관으로부터 한 걸음 주춤 물러서게 되고, 진보와 보수에 어정쩡하게 양다리 걸치는 회색주의적 인생관과 처세관이 그네들의 마음을 지배하게 되는 경우가 많다.

빵에 대한 통제가 물리적으로 개인의 자유를 억압한다면 섹스에 대한 통제는 인간의 정신을 지배하는 방법이라고 생각한다. 고용인과 피고용인, 지배계층과 피지배계층 간의 첨예한 파워게임에서 빵으로 대변되는 '월급_돈'에 대한 통제는 싫어도, 더러워도, 때려치고 싶어도, 고용인들을 일하게 만든다. 그리고 정해진 시간에 출퇴근을 하게 만들고, 결과적으로 몸의 자유를 억압하고 통제한다.

그렇다면 정신은 어떨까? 개나 돼지 등의 가축은 빵에 대한 통제만으로도 완벽한 지배가 가능하다. 하지만 사람은 그렇지 않다. 여기에 더해 인간은 지배계층에 의한 '정신에 대한 통제'가 이루어진다. 종교, 도덕, 윤리 등 각종 사회 규범들의 가장 밑바닥에는 섹스에 대한 금기와 성스러운 것과 속된 것에 대한 구별이 있다.

Ⅵ-34

설익은 한국의 진보주의자들은 내 작품들이 독재정권의 3S 정책*을 도와줘서 정부의 국민 통제에 기여한다며 나를 욕했는데, 말도 안 되는 개수작이다. 권력의 섹스 통제는 국민들을 수동적 기계로 만든다. 게다가 거기에 속아넘어가는 한국 국민들고학력자 포함이 대다수이니, 한국은 정말 민도가 떨어지는 나라다.

Ⅵ-35

감나무에 올라가 감을 따다가 떨어져 죽는 것보다는, 감나무 밑에 입을 벌리고 누워 감이 떨어지기를 기다리는 게 낫다.

Ⅵ-36

두 나라가 전쟁을 할 때, 두 나라 군사가 모두 비겁하게 도망가면 평화가 찾아온다. '용감'보다는 '비겁'이 낫다.

---

* 영화screen, 스포츠sports, 섹스sex에 의한 우민화 정책.

Ⅵ-37

공은 바닥에 떨어져야만 위로 솟구쳐 튀어 오른다.→궁
즉통窮即通의 원리.

Ⅵ-38

아프지 않으면 권태롭다. 병의 치유 끝에 찾아오는 것은
건강이 아니라 권태다.

Ⅵ-39

지금도 나는 학교에서 왕따고 문단에서도 왕따다. 그럼
에도 불구하고 의지를 굽히지 않는 것은 우리나라에서 성
담론이 활성화되지 않으면 성범죄가 더 늘어날 것 같기 때
문이다. 우리나라는 낙태율이 세계 1위다. 그건 무얼 말하
는가? 피임교육이 전혀 안 되고 있다는 거다. 우리나라는
피임교육은 안 시키고 순결교육만 시킨다. 시대의 변화를
읽지 못하는 우매한 짓이다.

Ⅵ-40

한국에서 정치적 민주화는 어느 정도 이루어졌으나 이
제 우리에게 급선무로 남은 것은 문화적 민주화이다.

Ⅵ-41

모두가 다 행동하는 투사가 될 필요는 없다. 지식인에게
필요한 것은 자기 자신을 솔직하게 바라보는 것, 그리고
그것을 솔직하게 말하는 것이 중요하다. 윤동주가 행동하
는 투사였기 때문에 일제의 탄압을 받은 것은 아니지 않는
가. 그가 그의 시에서 보여준 자기 자신에 대한 솔직함이
정말 좋다. 지식인이 자신을 솔직하게 바라보고 솔직하게
표현할 때, 그의 말 한 마디 글 한 줄은 총칼보다 더 강력한
위력을 가지게 될 것이다.

Ⅵ-42

사랑이 '즐거운 유희'가 되지 못하고 '치열한 힘겨루기'가 되면 사람을 죽음으로까지 몰아간다. 노래 〈거리에서〉로 유명한 나의 고등학교 후배인 가수 김광석의 자살이 바로 그런 경우였다. 나는 그가 자살하기 얼마 전에도 그를 만난 적이 있다. 그가 아내와의 가정문제로 그토록 고민하고 있었다는 사실을 나는 그와 꽤 자주 만나는 사이였음에도 불구하고 꿈에도 몰랐었다.

Ⅵ-43

'인간은 사회적 동물'이라는 정의는 인간이 사회라는 부자연스러운 조직과 굴레에 갇혀 여러 가지 규율과 법, 제도 등에 얽매여 사는 것을 누구나 생래적生來的으로 원하고 있는 것처럼 규정하고 있기 때문에, 인간 개개인의 자유 추구와 행복 추구를 은연중 부정해버리는 일면이 있다.

원칙적으로 인간은 '개인적 동물'이다.

Ⅵ-44

내가 보기에 인간은 사회적 동물이라기보다 사회를 두려워하거나 싫어하는 동물에 더 가깝다.

Ⅵ-45

인간 개개인이 사회적 규약 때문에 얻는 이익보다 불이익이 훨씬 더 크다는 게 현재의 내 생각이다. 인간이 사회적 동물이 됨으로써 다른 동물들을 지배하게 되어 이른바 자연을 정복하게 되고 또한 문명을 발전시킬 수 있게 됐다는 기존 학설을 인정한다면, 앞으로의 인류는 사회적 동물이기 때문에 결국 자멸할 수밖에 없을지도 모른다는 예감을 나는 갖는다.

Ⅵ-46

역사의 진보 또는 발전을 믿어 의심치 않는 낙관주의적 사상가들은 대개 귀족 신분이거나 기득권 엘리트들이었다는 사실을 잊어서는 안 된다. 프로이트가 부정적 역사관을 가졌던 것은 그가 소외받는 유태인이었기 때문이고 쇼펜하우어도 비슷한 경우라고 할 수 있다.

Ⅵ-47

프로이트가 보기에 인간은 오이디푸스 콤플렉스*에서 영원히 헤어나올 수 없는 만성적 정신질환자였다. 그렇기 때문에 아무리 문명이 발달하고 생활양식이 편의롭게 변화된다고 해도, 인간은 언제나 도덕적 초자아超自我와 동물적 본능 사이에서 갈등하며 사도마조히스틱한 피·가학 행위를 되풀이할 수밖에 없다는 것이다. 나도 그의 말에 대체로 동의한다.

Ⅵ-48

민중이란 개념도 역사의 개념과 병치시켜 놓지 않으면 아무런 의미가 없다. 민중 개개인은 잡초같이 보잘것없는 존재지만, 역사의 발전적 변혁에 이바지하는 존재라는 점에서 가치가 부여되기 때문이다. 그러나 민중은 역시 민중이다. 민중은 역사의 포상을 받지 못한다. 포상을 받는 것은 언제나 얌체 같은 지배 엘리트들이다.

---

* 자식이 부모 중 이성인 쪽에 애착을, 동성인 쪽에 적의를 가지는 경향.

Ⅵ-49

정신병에 걸린 이는 대개 간肝에 이상이 있다. 간은 스트
레스에 약하기 때문이다. 그래서 한방의학에서는 정신병
을 '간증肝症'이라고 부른다.

Ⅵ-50

법은 인간사회를 유지시켜 나가는 동맥이나 다름없다.
그러나 법이 너무 고압적으로 나가면 핏줄이 터져 생명까
지 잃게 된다. 한국의 법은 고무줄 잣대의 법이요, '유전무
죄 무전유죄'의 법이다.

Ⅵ-51

어떤 형태의 종교라 할지라도 그것이 생겨난 배경에는
상징의 연역 작용으로 인해서 빚어진 오해가 개입하고,
그런 오해가 신앙의 주축을 이룬다. 한 사람이 미치면 정
신병 환자가 되고, 다수가 미치면 종교적 신앙이 된다.

Ⅵ-52

동양의 물질문명이 서양의 물질문명에 비해 다소 더디
게 진보한 까닭은 끝없는 희망이나 끝없는 좌절을 경험해
보지 못했기 때문이다. 다시 말해서 대체로 평온한 사회
를 유지했기 때문이다. 예컨대 서양의 무시무시한 종교재
판이나 마녀사냥 같은 것은 없지 않았는가.

Ⅵ-53

내가 볼 때 인간은 생각하는 동물이기 이전에 싸움하는
동물이다. '신자유주의'가 퍼져가고 있는 것을 보라.

Ⅵ-54

금욕주의적 기독교가 로마를 지배하게 되면서부터 중
세기적 암흑시대의 전조가 생겨나기 시작했다. 쾌락적 실
용주의로만 일관했던 로마는 결국 기독교라는 거대한 마
조히즘에 잡아먹혀버린 것이다. 어쨌든 콘스탄티누스 황
제의 기독교 공인 이후 서양의 문명이 발전의 속도를 급격
히 늦추고 정체되기 시작했다는 사실을 부인할 수 없을 것
이다.

Ⅵ-55

마르크스주의는 겉으로만 무신론을 표방하고 있었을 뿐, 실제로는 기독교적 유토피아니즘의 변형물에 다름아니었다. 그리고 그것은 플라톤주의의 아류이기도 했다.

Ⅵ-56

제갈공명은 화공법火攻法을 써서 적군을 몽땅 섬멸해버리곤 했는데, 그런 전쟁방식은 사실 놀이의 규칙을 어긴 치사한 방식이었다. 그래서 『삼국지』에서는 제갈공명이 화공법으로 너무나 많은 인명을 살상했기 때문에, 그 죗값으로 수명이 줄어 일찍 병사해버렸다고 설명하고 있다.

Ⅵ-57

인간은 기본적으로는 동물과 같지만, 경작과 목축을 통해 잉여 에너지를 확보하게 됨에 따라 단순한 놀이를 창조적 놀이로 발전시켜나가게 되었다. 그래서 문화·예술이 생겨나게 된 것이다. 공해로 인해 잉여 에너지의 확보가 어려워지게 되면 인간은 다시 동물로 돌아간다.

Ⅵ-58

나는 인간의 역사가 놀이의 시대에서 노동의 시대로, 그리고 노동의 시대에서 다시 놀이의 시대로 이행되어 간다고 본다.

Ⅵ-59

나는 종교형태로서의 기독교가 내세우고 있는 교리보다도 예수라는 한 젊은 종교개혁자가 주장했던 계시적 철학으로서의 사랑에 보다 소중한 가치를 매기고 싶다. 인류 역사상 이른바 성인으로 추앙받는 인물들 가운데 인류의 평화와 복지를 위한 최선의 처방으로 '사랑'을 제시한 인물은 예수밖에 없다고 보기 때문이다.

Ⅵ-60

내가 보기엔 공산주의라는 것 자체도 종교는 아니지만 종교 비슷한 성격을 가진 이데올로기요 도그마라고 여겨진다.

Ⅵ-61

공포는 자기가 두려워하는 일을 불러일으키고, 과도한
소망은 원하는 일이 성취되지 못하게 한다.

Ⅵ-62

고매한 인격을 인정받은 조선조의 풍류시인들은 모두
다 지배계급에 속하는 사람들뿐이었다. 송강 정철이 그랬
고 고산 윤선도가 그랬다. 윤선도尹善道*는 「어부사시사漁
父四時詞」에서 어부들의 작업광경을 서정미 넘치게 읊고 있
는데, 그가 직접 나서서 그들의 노동에 동참한 것은 아니
고 다만 멀리서 바라보며 즐겼을 뿐이다. 그는 보길도로
귀양을 가서도 백성들을 동원하여 큰 정원을 만들어놓고
거드름을 떨며 노닐었다. 그래서 당시 백성들에겐 서울서
귀양 온 선비들이 원망의 대상이 될 수밖에 없었고, 그들
이 지은 시가를 감상하며 즐긴다는 것은 엄두도 못 낼 일
이었다.

---

* 조선 중기의 문신. 치열한 당쟁으로 일생을 거의 유배지에서 보냈다.

Ⅵ-63

남자는 평생 '어린애'일 수밖에 없다. 물론 아내에게 잘 보이기 위해 늠름 당당한 남편의 모습을 위장할 수는 있다. 하지만 그러다 보면 남자는 결국 울화가 뭉쳐 일찍 죽는다. 이 세상의 모든 아내들이여, 과부가 되기 싫거든 어서 빨리 남편을 어린아이로 받아들이기 바란다.

Ⅵ-64

개천이라야 용 난다. 다시 말해서 집안이 보잘것없어야 자식이 독립심을 기를 수 있다.

Ⅵ-65

자식을 훌륭하게 키우려면, 부모의 학벌이나 지위가 아무리 높다 하더라도 자식에게 아무것도 훈계하지 말아야 한다. 더러운 개천에서 미꾸라지가 자유롭게 헤엄쳐 다니고, 소독된 물에서는 물고기가 살 수 없듯이, 자식을 키울 때는 지극히 야野하고 지극히 '무식'하게 키워야 한다.

Ⅵ-66

'역설적 의도paradoxical intention'란 역경을 딛고 일어서기 위해
서는 모든 것을 거꾸로 생각하여 밀고 나가라는 말인데,
제일 좋은 예를 불면증의 치료에서 찾아볼 수 있다. 잠을
억지로 자려면 오히려 잠이 안 오고, 잠을 안 자려고 애쓰
면 오히려 잠이 온다. 이충무공의 '필생즉사 필사즉생 必生
則死必死則生'역시 비슷한 맥락에서 이해될 수 있을 것이다.

Ⅵ-67

마음이 가난한 자, 즉 욕심이 없는 자가 오히려 복을 받
으며, '공즉시색空卽是色', 곧 마음을 비워놓아 욕심이 없어
져야 재물色을 얻을 수 있다는 진리, 이것은 죽은 뒤 극락에
가보자는 현실도피적 가르침이 아니라 실제로 살아 있는
동안에 '복'을 받을 수 있는 실천원리였다.

Ⅵ-68

우리는 우리를 이 세상에 내보낸 부모_{또는 섭리}에 대해 일체의 원한도 감사도 지니지 말아야 한다. 그리고 우연히 태어난 삶에 대한 원한을, 우리의 노력에 의해 필연적인 삶, 행복한 삶으로 이끄는데 따른 즐거움으로 바꾸도록 애써야한다. 그러면 출생 그 자체는 이미 고통이 아닌 것이다.

Ⅵ-69

나는 내가 원하지 않았는데도 불구하고 이 세상에 태어난 것이 못내 억울하고, 게다가 적반하장 격으로 세상에 내보내준 은혜_{다시 말해서 낳아준 은혜}를 고마워하라고 들입다 강조해대는 효孝사상이 얄밉다. 그러므로 부모들은 자식에게 효도를 기대해서는 안 된다. 자식은 그저 '애완용'으로 길러야한다.

Ⅵ-70

나 역시 죽음이 두렵기는 마찬가지지만, 현재 내가 갖고 있는 생각은 이렇다. 즉, 인간의 죽음이나 개나 소의 죽음 이나 별다를 게 없지 않나 하는 것이다. 동물의 죽음에 대 해서는 그토록 태연히 무관심할 수 있는 인간이 유독 인간 의 죽음에 대해서만 그토록 현학적이고 철학적인 담론들 을 생산해낸다는 것 자체가 나로서는 역겹고 혐오스럽다.

Ⅵ-71

예수가 처녀에게서 나왔든 석가가 어머니 옆구리에서 나왔든, 그것은 별 의미가 없다. 그것을 사실이라고 믿는 다면 고구려의 동명성왕이나 신라의 박혁거세가 알을 깨 고 나온 것 역시 액면 그대로 믿어야만 할 것이다. 우리는 종교적 신화나 사실을 상징적 총체성의 시각에서 바라보 도록 노력해야 한다. 그래야만 진짜 핵심을 끄집어 낼 수 있기 때문이다.

Ⅵ-72

'진짜로 욕망을 끊은 뒤에 찾아오는 행복'은 그것의 외형이 기독교든 불교든 또는 여타의 사탕발림식 인생론이든, 인간의 진보적 운명개척 의지에 쐐기를 박는다는 점에서 득得보다는 실失이 많다.

Ⅵ-73

예수의 메시지는 수구사상에 젖은 당시의 기득권 지식인들에게 전혀 먹혀들지 못했고, 그의 어이없는 죽음은 제자들에게 엄청난 충격을 주었다.

그러나 예수의 가르침과 인품은 많은 민중들을 감복시켜 그의 죽음을 구약시대부터 내려온 속죄양의 상징과 결부시키게 했고, 그 결과 대속代贖의 교리가 이루어지게 되었다. 또한 그가 다시금 부활한 뒤 하늘나라로 승천했을 것이라는 제자들의 순박한 믿음은, '하늘나라'의 의미를 예수가 그토록 애타게 바랐던 '지상 위에 펼쳐지는 하늘나라'가 아닌, 저 세상 어딘가에 영적으로 존재하는 '선택받은 자들만의 이상향'으로 뒤바꿔버렸다.

Ⅵ-74

19세기 독일의 철학자 포이에르바흐는 『기독교의 본질』이란 책에서 "신이 인간을 창조한 것이 아니라 인간이 신을 창조했다"고 단언했다. 인간은 '상상력'과 '욕망' 그리고 '이기심'을 가진 존재이기 때문이라는 것이다. 인간은 자기가 욕구하고 있지만 도저히 실현시킬 수 없는 여러 가지 이상들을 '신'이라는 존재를 통하여 구현시켜 도움과 위안을 받으려고 한다.

신이란 결국 인간의 욕망이 상상 속에서 상징적 존재로 구체화되어 나타난 것이며, 환상을 통해서라도 실현시켜 보고자 애쓰는 인간 욕망의 부산물이란 얘기다.

Ⅵ-75

왜 기도가 솔직해야 하는가. 신이 솔직하길 원해서가 아니라 기도가 갖는 자기 최면 효과 때문이다. 즉 자기 자신에게 솔직할 수 있을 때 우리는 행복한 성취를 이룰 수 있다. 그런 의미에서 볼 때, "콩 심은 데 콩 나고, 팥 심은 데 팥 난다"는 속담은 정곡을 꿰는 속담이다. 우리의 마음속에 정직한 욕망의 씨를 심을 수 있을 때, 우리는 비로소 행복한 운명을 창조해 낼 수 있다.

Ⅵ-76

참된 기도는 하느님에 대한 '아부'로서가 아니라 '솔직하게 떼쓰는 것'이 되지 않으면 안 된다는 것, 우리가 처한 현실은 어둡고 괴롭지만 끈질긴 지구력을 갖고 기도하는 한 이 땅 위엔 언젠가 반드시 정의와 평등, 그리고 구체적 사랑의 즐거움과 행복이 물결치는 '하늘나라'가 이룩되리란 것을 예수는 우리에게 가르쳐주고 갔다.

Ⅵ-77

현재적 욕구에 정직하되 '길게 보고' 살며 '두고 보자' 정신으로 나가야 한다. '두고 보자' 정신은 절대로 복수의 정신이 아니다. 시류를 초월해 주변의 유행 사조에 연연해 하지 않고 시대를 앞서가는 정신이 바로 '두고 보자' 정신이요. 천진난만한 솔직성과 직관력을 지닌 천재天才의 정신인 것이다.

Ⅵ-78

우리는 '지금' 내가 갖고 있는 느낌과 본성, 그리고 욕구에 의지하여 하루하루를 그저 땜질해나가듯 무심히 살아가는 것을 원칙으로 삼아야 한다.

Ⅵ-79

동성애 문제는 음양의 이치를 거스르는 것이기 때문에 이성애만을 추구하는 보통사람 입장에서는 도저히 이해하기 어려운 문제다. 그러나 현실이 현실이니만큼 그것을 죄악으로 보거나 변태로 볼 수는 없다고 본다. 굳이 동성애가 늘어나는 원인을 추리해 보자면, 결국 인간의 창조적 상상력이 무한하여 계속 별스러운 쾌락을 추구한 나머지 도달하게 된 특이한 애정형태라고 할 수 있을 것이다. 그리고 지금까지 남성에게는 용감하고 정력적인 남성상만을, 여성에게는 복종적이고 부드러운 여성상만을 강요해왔기 때문에 빚어진 반동현상이라고 볼 수도 있다.

그러나 보다 적극적이고 개방적인 입장에서 동성애 문제를 조명해 본다면, 나는 동성애가 인간의 '금지된 것에 대한 도전 의식'과 '창조적 미의식'의 결합에 의해서 생긴 가장 변태적인 성행동이라고 본다.

지금까지 기득권 지배층에 의해서 선전된 도덕과 윤리는 다분히 금욕주의적 측면에 치중된 것이다. 국민 개개인의 금욕주의적 인식이 강해질 때 거기서 반드시 '복종의 미덕'이 생겨나고, 아울러 '인내심의 함양'이 최고의 덕목으로 간주된다. 그래서 소수의 지배계층은 이성우월주의에 입각한 '엘리트 독재'를 합법적으로 자행할 수 있게 되는 것이다.

그러므로 운명을 긍정적으로 개척해 나가는 데 있어 가장 먼저 필요한 것은 스스로의 사랑욕구, 즉 성욕을 그 자체대로 인정하고 들어가는 일이다. 아무리 황당무계한 성적 공상이라 할지라도 그것에 대해 죄의식을 느껴서는 안 된다. 직접적인 실현과는 별도로 '느낌으로서의 성性' '상상으로서의 성'을 최대한 수용하여, 우선 당당하게 자위행위로라도 대리 배설시켜보도록 애쓰자.

Ⅵ-81

내가 주장하는 '유미적 평화주의'는, 이를테면 손톱을 길게 길러 정성껏 가꾸는 여성이, 손톱이 부러지는 것이 겁나 다른 사람을 마구 할퀼 수 없는 것과도 같은 이치다. 군인들에게 머리를 길게 기르게 하고 화장과 몸치장을 허락하면 전의戰意를 상실물론 좋은 의미에서하게 될 게 뻔하다. 양쪽 다 전의를 상실하면 싸움은 일어나지 않는다.

Ⅵ-82

'관습적 사고'만큼 인간을 불행하게 만드는 것은 없다. '관습적 사고'의 반대는 '개방적 사고' 또는 '유연성 있는 사고'다. 나는 지금까지 '유연성flexibility'이란 말을 평생의 좌우명으로 삼고 살아왔다. 우유부단한 것이 확고한 신념보다 낫다. 적어도 남에게 피해를 입히지는 않는다.

벤저민 프랭클린이 피뢰침을 발명했을 때, 영·미 양국의 성직자들은 영국 왕 조오지 3세의 열렬한 지지를 받아가며 그것이 신의 의지를 무력화시키려는 불경한 시도라고 비난하였다. 벼락은 불경죄 또는 다른 중죄를 벌하기 위해 신이 내려 보내는 것이므로, 그것을 인위적으로 막는다는 것은 신에 대한 거역이라는 믿음에서였다.

당시의 성직자들은 덕이 있고 선행을 하는 사람은 결코 벼락을 맞지 않는다고 믿고 있었기에, 피뢰침을 설치한다는 것은 죄인이 도피하도록 돕는 것이나 마찬가지라고 생각하였다. 피뢰침이 보급되고 나서 얼마 후 매사추세츠 주에 강한 지진이 일어났다. 그래서 당시 미국의 보수적 신앙인들은 그 지진을 피뢰침의 발명에 노한 신이 내린 천벌로 간주했다. 참으로 우습지 않은가.

Ⅵ-84

관습적 사고란 곧 폐쇄적 사고를 가리키는 것이고, 폐쇄적 사고야말로 인간을 체념적 운명론에 빠뜨리는 주된 요인이 된다. 그런데 관습적이고 폐쇄적인 사고들은 대부분 종교, 도덕, 윤리, 철학 등과 유착돼 있어, 터무니없는 권위를 발휘하는 경우가 많다. 그래서 폐쇄적 사고는 결국 권위주의적 사고의 형태를 띠게 된다.

Ⅵ-85

지금까지 지속되고 있는 종교적 편견의 극치는 피임용 콘돔조차 '악마의 도구'라고 보는 가톨릭의 입장이다. 인구가 폭발적으로 늘어나 인류 멸망의 한 원인으로까지 지적되고 있고, 또 에이즈의 만연 등 성병 때문에 골치를 썩이고 있는데도 불구하고 콘돔조차 안 된다면 이는 분명 잘못된 것이다.

Ⅵ-86

관습적 편견 중에서 가장 대표적인 예는 역시 쾌락추구로서의 섹스를 부도덕한 것으로 간주하는 편견일 것이고, 그 다음을 꼽는다면 검약과 청빈을 강조하는 반反물질주의적 편견이 될 것이다. 쾌락으로서의 성을 부도덕하게 보는 것은, 일반 민중들이 자유주의 사상에 눈뜨는 것을 필사적으로 막으려 했던 지배계급에 의해 조작·선전된 편견에 불과하다. 그리고 검약과 청빈을 강조하는 것 역시 권력에 의한 부富의 독점을 위해 고안된 도덕률에 지나지 않는다.

Ⅵ-87

지금까지 상당수의 기독교인들은 정신질환이 모두 악마의 소행이라고 믿고 있다. 다시 말해서 '귀신들린 자'가 곧 정신병자라는 『성경』의 기록을 액면 그대로 믿는 것이다. 이러한 미신은 사실 정신의학의 발달과 더불어 이미 과거의 유물로 사라져버린 지 오래다.

Ⅵ-88

비교적 낙관주의에 기초한 발전적 문명사관史觀을 가졌던 동양의 대표적 계몽주의자를 꼽으라면 역시 공자와 맹자가 되겠고, 문명의 진보가 곧 인류의 불행으로 연결된다고 본 대표적인 사상가는 노자와 장자가 될 것이다.

Ⅵ-89

우리는 자칫 빠져들기 쉬운 이분법적 사고, 또는 흑백논리적 사고로부터 벗어나도록 노력해야한다. 문명이냐 반反문명이냐, 현대냐 원시냐, 지성이냐 감성이냐, 과학이냐 자연이냐 하는 식의 이분법은 겉보기엔 매우 명석해 보이지만 우리를 더욱 혼란스런 미망 속으로 빠뜨릴 수밖에 없다. 21세기를 맞이한 현재의 시점에서 보자면, 세계는 지금 '문명'과 '반反문명'이 혼재된 상태에 놓여 있다는 것이 가장 정확한 관찰이 될 것이다.

VI-90

서구의 공자에 해당하는 사람이 바로 소크라테스이다. 서구의 노자에 해당하는 사람은 에피쿠로스라고 할 수 있는데. 소크라테스나 공자가 지식과 절제를 중시한 반면 에피쿠로스나 노자는 본성과 쾌락을 중시했기 때문이다.

VI-91

인류의 운명이든 한 개인의 운명이든 그것은 언제나 탁월한 혜안을 가졌다는 사상가들의 예상이나 점술가들의 예언과 전적으로 부합하여 전개되진 않았다. 예수는 자기가 죽은 후 얼마 안 있어 곧 말세가 닥칠 것이라고 예언했고, 마르크스는 자본주의가 곧바로 망할 것이라고 예언했다. 명석한 철학자요 문명비평가라고 할 수 있는 버트런드 러셀은 1950년에 발표한 「인류의 장래」라는 글에서, 20세기가 끝나기 전에 인류가 멸망하든지 '세계 정부'가 생기든지 둘 중 하나일 것이라고 예언했다.

 원시시대의 인류는 루소가 말했던 것처럼 사유재산으로서의 '토지'를 필요로 하지 않았다. 경작을 하지 않아도 얼마든지 나무 열매를 따먹을 수 있었기 때문이었다. 그러다 보니 한 곳에 정착할 필요도 없었고, 경작을 위한 집약적 노동력도 필요 없어 가족이 필요치 않았다. 가족적 연대가 필요 없으니 결혼제도 역시 필요 없었다. 이리저리 떠돌며 자유롭게 섹스하고 자유롭게 먹이를 채취하며 살아가면 그뿐이었다.

 하지만 그렇게 살다보니 '자유'만큼 '위험'이 따를 수밖에 없었다. 추울 때 먹이를 못 구하면 굶어죽거나 얼어죽기 쉬웠고, 혼자서 짐승을 사냥하다가 짐승한테 잡아먹히기도 쉬웠다. 그래서 차츰 한 곳에 정착하여 경작을 하거나 가축을 기르기 시작했는데, 그러다 보니 효과적 노동력 창출과 사유재산 보호를 위해 가족이 필요하게 되어 결혼제도가 생기게 되었다.

 그러나 문명이 고도로 발달한 현대에 이르러 교통의 발달은 원시시대의 '자유로운 이동'을 감정적으로 재현시켜 주었고, 농업기술의 발달과 기계화에 따른 원활한 식량공급은 한 곳에 정착하여 '가족적 연대감'에 의지해 농

업에 종사하는 것을 시큰둥하게 여기도록 만들었다. 또한 기계가 인간의 노동을 대신하게 됨에 따라 여성들 역시 '노동력 창출'을 위한 출산의 의무로부터 한결 홀가분하게 되었고, 피임의학의 발달은 더더욱 자유로운 섹스를 가능하게 해 주었다.

그러다 보니 원시시대에 누렸던 '자유로운 이동'과 '자유로운 성생활'에 대한 향수가 거세게 고개를 들어 결혼제도를 서서히 무의미하게 만들어 가고 있는 것이다.

물론 아직까지 이혼율의 증가만 눈에 뜨일 뿐 결혼제도 자체가 완전히 붕괴된 것은 아니다. 다시 말해서 선진국으로 갈수록 결혼과 이혼, 그리고 재혼의 끊임없는 되풀이가 보편적 사회현상으로 굳어져 가고 있는 것이다.

하지만 차츰 프리섹스를 즐기는 독신자들이 늘어나고 있는 것이 사실이고, 이 나라 저 나라를 왔다 갔다 하며 살아가거나 최소한 잦은 여행을 통해 생의 기쁨을 맛보려는 사람들이 늘어나고 있는 것이 사실이다. 이러한 현상이야말로 '국제화世界化'라는 말에 부합되는 것인데, 한마디로 말해서 인류는 이제 문명 상태를 한껏 즐기는 한편 원시적 성생활과 원시적 방랑생활을 함께 누리는 상태로 접어들어가고 있다고 볼 수 있다.

인류는 이제 과거지향적 사고_{원시문화를 그리워하는}와 미래지향적 사고_{과학문명의 발달 추구를 위주로 하는}를 함께 포괄하여 실생활에 적용시키는 단계로 접어 들어가고 있는 것이다.

에피쿠로스는 윤리나 도덕 역시 일종의 처세술에 불과
할 뿐이라고 주장했는데, 그의 생각을 한 마디로 요약하
면, '철저한 자유주의를 바탕으로 하는 편의주의'라고 할
수 있다.

언뜻 듣기에 '편의주의'는 이기주의나 기회주의와 같
은 의미로 받아들여지기 쉽다. 그래서 비겁한 도피주의나
치사한 타협주의로 간주될 가능성조차 있는데, 편의주의
는 실제로 이기주의나 기회주의와는 전혀 다른 개념이고,
타협주의와는 더더욱 거리가 멀다.

편의주의는 경직된 가치관을 부정하는 것이기 때문에
곧바로 '유연성 있는 사고'와 통한다. 원시와 과학, 지성과
본능이 합리성의 토대 위에서 공존할 수 있다는 믿음이 바
로 편의주의인 것이다. 다시 말해서 편의주의는 '융통성
에 바탕을 둔 적극적 개인주의'라고 할 수 있다.

그러므로 지성의 진보에만 지나치게 기대는 계몽주의
적 가치관보다는 '문명 상태와 원시상태의 편의적 결합'
을 인정하는 편의주의적 가치관이 한 개인 또는 사회를 한
결 더 복지적이고 쾌락적인 운명으로 이끌어갈 수 있다.
말하자면 도덕과 본능, 지성과 반지성이 합쳐져 그때그때

효용에 따라 각각 제 기능을 발휘할 수 있게 돼야 한다는 뜻이다. 이럴 경우 '절대적 가치'나 '절대적 윤리'는 부정되고 '상황적 가치'나 '상황적 윤리'가 개인적 필요에 따라 선택된다.

윤리나 도덕 역시 남에게 구체적으로 피해를 주지 않는 한 불륜 또는 부도덕은 있을 수 없다. 말하자면 '종교적 죄악' 또는 '마음의 죄악'의 개념이 없어져 버리는 것인데, 이런 상태가 되면 갖가지 관습적 사고나 편견들이 사라지게 되어 인간의 불행한 운명을 한결 예방할 수 있게 된다. 불행한 운명이란 쓸데없는 고정관념에 따른 자기 통제의 결과이기 때문이다.

남성우월주의에 기초한 대가족제도가 붕괴되기 시작하면서부터 속칭 '쉬메일_{shemale}'이라고 불리우는 여장남성女裝男性들이 늘어나고 있고, 일반 남성들의 옷차림도 차츰 여성화되어가고 있다. 세계적으로 볼 때 여자처럼 긴 머리를 하고 액세서리를 주렁주렁 걸고 다니거나, '남자답게 싸운다'는 데 대해 극도의 혐오감을 보이며 염전사상厭戰思想을 외치고 다니는 남자들이 많다. 그들은 확고한 어조로 자기들의 태도를 다음과 같이 천명한다.

"우리는 사람들이 우리를 보고 '여자 같다'고 손가락질하는 데 대해서 더 이상 신경 쓰지 않는다. 우리는 남자로 태어났을망정, 여자처럼 섬세한 감성과 부드럽고 연약한 육체를 소유하고 있다는 것을 보여주고 싶은 것뿐이다. 단정한 옷차림에 당당하게 딱 벌어진 체구, 그리고 확고부동하고 결의에 찬 눈동자를 가진 남자, 소위 '모범적인 남성'의 틀에 박힌 모습을 우리는 거부하며, 그것을 오히려 조롱해주고 싶다. 그래서 우리는 더욱더 여성적이면서도 '섹시'한 옷차림이나 화장을 좋아하는 것이다."

그러므로 이러한 남성들이 좋아하는 화사한 겉치장은 미학적인 표현이나 관능적인 어필을 목적으로 하는 것이라기보다는, 남성이라는 틀로부터 벗어나고 싶은 심정을 사회 전체에 호소하기 위한 일종의 '데몬스트레이션'이라고 볼 수 있다.

비틀즈 그룹의 성공은 그들의 긴 머리 헤어스타일과 여성적인 외모에 매료된 수많은 젊은 여성 팬들이 있었기 때문이었다. 가냘프고 부드러운 얼굴의 가수 '프린스'나 여자보다 더 예뻐 보이는 '보이 죠지'의 성공 역시 많은 여성들을 감격적으로 울려놓고 광분시켜놓았다.

오늘날의 여성들에게 있어 가장 에로틱한 남성의 매력 포인트가 되는 것은 '남자답다'는 속성이 아니다. 그 남자가 '남성'이라는 감옥에 감금돼 있었던 '감정과 정서'를 얼마나 자유롭게 해방시킬 수 있느냐 하는 것이 매력의 포인트가 되는 것이다.

이러한 사실을 깨닫지 못하고 아직도 모든 여성들이 육군사관학교 생도들의 씩씩한 걸음걸이나 단정한 유니폼만을 사모하고 있다고 생각하는 있는 남자가 있다면, 그 사람은 시대착오적인 여성관을 가지고 있다고 볼 수 있다.

물론 군복이 주는 사디스틱하고 늠름한 이미지를 동경하는 여성이 아주 없다는 말은 아니다. 하지만 과거의 여성과 요즘의 여성 간에 차이가 있다면, 요즘 여성들은 단지 '군복 입은 남자'를 동경하는데 그치는 것이 아니라 그녀 스스로가 아예 여군女軍이 돼버리고 만다는데 있다.

남성들의 여성화 경향 못지않게 여성들의 남성화 경향 역시 이 시대의 뚜렷한 특징 중의 하나다. 이제는 여자가 꼭 여자용 재킷만을 입어야 한다는 법은 없어졌다. 남자용 재킷을 여자가 걸치면 훨씬 더 별다른 매력을 풍긴다. 미장원에 남자손님들이 우글거린다는 것 역시 하나도 이상한 현상이 아닌 것이 물론이다. 그래서 앞으로는 점점 더 이런 말들이 자취를 감추게 될 것으로 보인다. 즉 "남자가 그러면 돼냐" "여자가 그러면 돼냐" 하는 식의 말들 말이다.

그러므로 이제부터는 '성 역할의 다원화 현상'을 받아들여야 한다. 그래서 시간이 가면 갈수록 동성애 문제가 더욱 크게 대두될 것이 틀림없다. 동성애의 요체는 "왜 남자는 꼭 남자로, 여자는 꼭 여자로 살아가야만 하는가" 라는 도덕적 질문 안에 들어있다.

인류의 진보가 지속적으로 이루어진 '금지된 것에 대한 도전'에 의해 가능했다고 본다면, 동성애 역시 '금지된 것에 대한 도전'의 일환으로 파악될 수밖에 없는 문제다. 남자는 왜 여자처럼 치장해서는 안 되는가, 여자는 왜 남자처럼 섹스의 주도권을 가져서는 안 되는가 등 지금까지 규정적으로 강요돼 왔던 남녀 간의 엄격한 성 역할 분담에 대한 저항의 소리가 높아지고 있다.

따라서 앞으로는 동성애나 양성애 등이 더 늘어날 것이 틀림없고, 복장도착증 역시 더 이상 '변태'로 간주되지 않을 것이다. 또한 남녀가 똑같이 유미주의적 가치관을 가지게 되어 '아름답게 치장할 권리'와 '인공미人工美를 통해 선천적 용모를 바꿀 권리'가 성형의학의 발달 및 에로틱한 패션의 보급, 그리고 관능미의 일상화日常化에 따라 개개인의 인권으로 인정받게 될 것이다.

Ⅵ-95

태양빛이 너무 뜨거운데 모자나 양산이 없다. 그래서 할
수 없이 우산이라도 쓰니깐, 신기하게도 비가 시원하게
내린다.

Ⅵ-96

사랑에는 에로스_{섹스}밖에 없고, 필리아_{우애}, 아가페_{신앙}는
인간이 에로스적 사랑을 달성하지 못했을 때 그 대용물로
서 취하게 되는 자위적_{自慰的} 성격의 사랑이라고 볼 수밖에
없다. 그렇지만 필리아나 아가페를 결코 소홀하게 여길
수 없는 것이, 그것들이라도 있어서 우리가 간신히 목숨
을 연명해 갈 수 있기 때문이다.

Ⅵ-97

사람만 죽어서 내세로 가고 동물들은 죽으면 그만이라
는 생각은 지극히 오만방자한 생각이다. 인간이나 동물이
나 죽으면 그것으로 끝난다. 거듭 말하지만, 내세도 없고
천국도 없고 지옥도 없다.

Ⅵ-98

요즘 한국에서는 너무나 광적狂的으로 영어 열풍熱風이 불고 있다. 그러나 내가 보기엔 미국도 머지않아 망할 것 같다.

Ⅵ-99

'약육강식'으로 점철되는 생존경쟁의 장場인 이 세상에서, 남에게 진심 어린 위로의 말을 건네줄 인간은 아무도 없다. 먹고사는 방편으로 목사나 신부나 승려, 또는 학교의 카운슬러 같은 직업을 택한 사람이라면 혹 몰라도, 남을 위로해 주는 말을 가식적으로라도 해줄 수 있는 인간은 참으로 드문 것이다. 이것은 부모 자식 간이나 형제자매 간이라 해도 마찬가지다. 그러므로 누군가가 자기를 위로해주길 바라서는 안 된다.

Ⅵ-100

더욱이 자신의 '사랑 문제'에 대한 고민 따위에 대해 타인에게 위로나 조언을 구한다는 것은 진짜 바보짓이다. '사랑 문제'에 대해 하소연한다는 것 자체가 상대방의 '질투심'이나 '심통'을 유발시키기 십상이기 때문에 그렇다. 사람들은 모두 다 '고독'을 씹어 먹으면서 살아가고 있기 때문에, 남이 사랑 문제로 고민한다는 것 자체를 일종의 '사치'로 간주하는 것이 보통이다.

Ⅵ-101

'허무'와 '퇴폐'가 없는 삶이란 사실 위선적인 삶이 아닐까? 도덕에 대한 순종과 소시민적인 성실로 일관하는 삶이란 기실 그 속을 들여다보면 자기 자신에 대한 이중적 기만으로 점철된 삶일 경우가 많다. 나는 어떤 여자의 마음속이 진짜 '실존주의적인 허무'로 가득 차 있다는 생각이 들면 그녀가 새삼 우러러보인다.

Ⅵ-102

모든 병은 정신적 욕구와 육체적 욕구의 불일치에서 나온다. '격노하는 본능'과 '위압적인 도덕률' 사이의 피비린내 나는 싸움이 바로 병이다. 도덕을 버리고, 아니 이중적 의식구조를 버리고 본능적 욕구 안에 정직하게 머물 수 있을 때, 병은 더 이상 운명이 아니다.

Ⅵ-103

민심民心의 근저엔 언제나 도덕적 심성보다 본능적 욕구가 자리 잡고 있다. 프랑스 혁명이나 러시아 혁명이 '민심'에 근거한 것이었다면, 그것은 빵에 대한 욕구, 곧 '식욕'에 바탕을 둔 것이었지 정치제도의 불합리성에 대한 이성적 반발 따위에 근거한 것은 결코 아니었다. 마찬가지로 구소련이 무너진 것 역시 이데올로기적 반발 때문이 아니라 본능적 욕구 때문이었다.

Ⅵ-104

마르틴 루터가 일으킨 종교개혁 운동이 기독교 발전사에 큰 업적으로 기록될 진 모르지만, 신·구교간의 다툼의 와중에서 엄청난 숫자의 민중들이 피 흘리며 죽어가야만 했다.

Ⅵ-105

내가 볼 때 세계사는 이제 '종교 또는 이데올로기에 대한 담론'의 시대에서 '성 또는 본능에 대한 담론'의 시대로 접어들어 가고 있다.

말하자면 본능적 자아가 도덕적 초자아超自我를 콘트롤하는 시대로 넘어가고 있는 것이다.

Ⅵ-106

『주역周易』에서는 '시중時中의 도道'를 중요시 한다. '변화는 때의 흐름과 함께 있다'는 뜻이다. 변화하지 않으면 발전할 수 없다.

Ⅵ-107

　인생은 한판 놀이요, 한판 게임이다. 예를 들자면 등산이나 장애물 경주와 같은 것이다. 중간 중간에 나타나는 장애물에 속아 넘어가거나 굴복해서는 안 된다. 그러한 장애물들은 신神이 내려 보낸 '시험'도 아니고 의미 있는 삶을 위한 수련과정도 아니다. 그것은 단지 그저 '놀이'일 뿐이다.

Ⅵ-108

　우리가 '어린아이' 같은 마음과 감성으로 야한 광기狂氣를 불태울 수 있을 때, 우리는 갖가지 인생의 굴곡과 풍파들을 '권태를 방지해주는 놀이'로서 느긋하게 즐길 수 있다. 생生에 권태를 느끼고 그것이 절망으로까지 이어진다면 우리는 게임 중간에 좌초하고 만다.

Ⅵ-109

행복한 운명은 인내와 절제에 있는 게 아니라 관능적 열정과 순진한 떼쓰기에 있다. 왜냐하면 운명은 야野하기 때문이다. 운명은 솔직하기 때문이다. 운명은 우리의 육체적 본성이 갖고 있는 솔직한 욕구에 따라 정직한 기계처럼 움직인다.

Ⅵ-110

일 년에 사계절이 있듯이, 지구에도 사계절이 있다. 지구는 지금 가을의 끄트머리에 와 있다. 가을은 조락凋落의 상징이고 죽음 직전의 상태다. 겨울이 죽음의 상징이기 때문이다. 무분별한 자연 파괴로 인해 이상고온 현상 등이 나타나 지구는 곧 빙하기로 접어든다.

Ⅵ-111

죽음은 무조건 괴로운 것이고, 값진 죽음이란 있을 수 없다.

Ⅵ-112

어찌 보면 죽음은 당연한 것이 아니라 퇴치시켜야 할 대상이다. 머지않아 '늙지 않는 약'이 나올 것이다.

Ⅵ-113

운명론에 대한 고래古來의 철학적 관점들을 살펴보면 대체로 운명을 체념적으로 인정한 듯한 인상을 풍긴다. 서구의 경우에는 그만하면 합리적 사고가 발달했던 그리스 시대에도 무녀巫女를 통해 신탁을 받는 일이 성행했고, 희랍 비극의 주제는 언제나 '운명의 힘 앞에 선 인간의 무력감'이었다. 그리고 기독교가 서구 사회를 지배하면서부터는 신의 의지가 만사를 결정한다는 믿음이 온 사회를 지배하다시피 하였고, 그러한 믿음은 시대가 갈수록 더욱 깊어져 저 악명 높은 중세 암흑시대로 이어졌다.

Ⅵ-114

나는 전생前生의 기억에 대한 증거라는 것들 역시 우리의 유전인자 안에 포함되어 대대로 내려온 '윤회에 대한 소망적 사고'의 결과라고 본다. 죽었다가 깨어난 사람들이 목격하고 왔다는 사후死後의 세계 역시 마찬가지다.

Ⅵ-115

중국 철학 가운데 가장 눈에 번쩍 뜨이는 것이 바로 순자荀子의 사상이다. 순자 사상의 골자는 성악설性惡說보다는 '제천론制天論'에 있다. 그는 인간의 속성 가운데 최대의 결점은 '미신 숭배'라고 주장하고, 누구나 당연한 것으로 믿었던 '경천외명敬天畏命' 사상을 인간의 우매한 타성에서 비롯된 것이라 하여 배척하였다. 그러면서 인간이 천명天命에 순응할 것이 아니라, 인간이 오히려 천명에 대항해야 한다고 역설하였다.

통일신라 말기에 구 제도에 반기를 들고 일어선 궁예는 미륵정토를 건설하기 위해 신분차별을 없애고 경자유전

耕者有田 : 경작자인 소작인에게 토지를 분배하는 것의 원칙을 세우려고 상당히 노력했던 사람이었다. 그렇지만 그는 결국 당시 기득권 세력이었던 토호들의 수장이 된 왕건에 의해 쫓겨날 수밖에 없었고, 결국에 가서는 해괴한 짓거리만 하다가 스스로 망해버린 '과대망상광'으로 역사에 기록될 수밖에 없었다.

왕건을 중심으로 한 토호들이 궁예를 떠받들었던 것은, 토지소유를 더 증대해나가 기득권을 더 공고히 하려는 의도에서였지 민중을 위해 땅을 나눠주고 싶어서는 아니었다. 그런데 궁예가 민중 쪽에 섰기 때문에 그들은 궁예를 몰아낼 수밖에 없었던 것이다.

Ⅵ-117

인간의 운명을 우선 이끌어가는 것은 유전법칙의 메커니즘과 그 사람이 속한 가정 및 사회 환경이지만, '본능적 자유의 추구'와 '쾌락에의 당당한 열정'이 더 큰 역할을 한다는 사실을 굳게 믿어야 한다.

Ⅵ-118

문화재로서의 경복궁은 당연히 보수되고 복원되어야 한다. 하지만 경복궁이 한국의 상징 역할을 하기 위해 복원되어서는 안 된다. 둘 다 비슷한 생각이고 그게 그거라고 생각하기 쉽지만 양자의 차이는 엄청나다. 더 따지자면 경복궁은 '조선조 왕권'의 상징물일 뿐이고 일반 민중들의 삶까지 포괄하는 조선시대 자체의 상징물은 아니다.

Ⅵ-119

과거에 대한 센티멘탈한 향수에 빠져들어서는 안 된다. 그런 심리는 운명론적 순응과도 관련이 깊다. 운명론적 순응은 미래에 대한 공포심을 불러일으켜 무작정 과거로 돌아가고 싶어 하는 퇴행욕구를 부채질한다.

Ⅵ-120

공자는 예수나 석가처럼 종교적 아이덴티티를 가진 사람이 아니라 정치적 성격이 강한 사람이었기 때문에, 개인의 깨달음에 의한 사회의 구원을 목표로 하지 않고 사회국가의 질서유지를 위한 개인의 희생을 목표로 하였다. 그 결과 국가가 곧 가족이라는 개념 틀이 형성되게 되고, 국가나 가정이 지옥이든 천국이든 상관없이, 개인은 그 안에 당연히 종속되어 비굴할 정도로 참을성 있게 개성을 포기해나가는 것이 가장 바람직한 삶의 태도로 권장되었던 것이다.

Ⅵ-121

우리는 "자유와 방종은 다른 것이다"라고 엄포 놓으며 권력을 동원해 자유를 억압하려 드는 '관습적 사고의 꼭두각시'들을 당연히 물리쳐야 한다. 그 때 비로소 우리 사회는 합리적 지성의 육체주의적 실천이 가능해지는, 그래서 평화로운 쾌락과 평등한 인권이 보장되는, '원시와 문명이 편의적으로 공존하는 민주복지사회'로 나아갈 수 있다.

Ⅵ-122

정신과 육체가 상반된 방향타를 가질 때 한 개인의 육체는 급격히 허물어진다. 거듭 설명하자면 정신은 금욕주의적인데 육체는 쾌락주의적 방향타를 가지고 있을 때, 그러한 양가감정兩價感情:Ambivalence은 그 사람의 심신을 이원적으로 분리시켜 황폐화시키는 것이다.

Ⅵ-123

무조건 치밀어오르는 욕구에 따라 행동하자는 말은 아니다. 인류는 그러한 야수성 정도는 막을 수 있을 만한 문화적 대리배설 장치를 개발해냈다. 내가 강조하는 것은 어떤 형태로든 이중적 의식구조는 위험하다는 것이다. 개인의 본능적 욕구를 솔직하게 인정하고 그것을 자유롭게 담론화할 수 있을 때, 비로소 진짜 도덕이 이루어진다. 참된 도덕이란 '솔직성'에 다름 아니기 때문이다.

VI-124

당당하게 쾌락을 추구할 때 '운명'은 있을 수 없다. 운명이나 천명天命 따위는 아담과 이브가 그들의 성기를 가린 나무 잎사귀에서 나왔다. 그 나무 잎사귀를 과감하게 떼어버릴 수 있을 때, 우리는 다시금 파라다이스의 상태로 되돌아갈 수 있다. 그러면 신과 악마도 더 이상 선악과 따위로 우리를 우롱하지 못하고, 우리는 그들을 아예 에덴동산 밖으로 쫓아낼 수 있다.

VI-125

운명은 없다. 신의 섭리도 없고, 전생의 업보도 없다. 있는 것은 오직 심통 사나운 신神을 닮으려는 수구적 봉건윤리뿐이다. 수구적 봉건윤리는 권력과 야합하여, "자유보다 통제가 아름답고, 개인보다 전체가 중요하며, 쾌락보다 금욕이 의미 있다"고 끊임없이 우리를 억박지른다. 그리고는 우리를 불합리한 고통과 폭력에 길들여진 체념적 운명론자가 되도록 교묘하게 유도한다.

Ⅵ-126

우리가 육체적 쾌락욕구로만 가득 찼던 어린아이 시절의 야한 상태로 되돌아갈 수 있을 때, 다시 말해서 정직한 본능으로 이중적 위선과 쓸데없는 죄의식에 가득 찬 정신을 제압할 수 있을 때, 우리는 무명無明의 노예상태에서 벗어나 신神, 곧 운명의 창조자가 될 수 있다.

Ⅵ-127

운명과의 싸움이란 결국 정신적 극기와 육체적 절제를 강요하는 전통윤리와의 싸움이요, 금욕주의와의 싸움이다. 진정한 행복은 운명과의 싸움을 통해 얻어지는 드라마틱하고 긴장감 넘치는 '재미'로부터 온다.

Ⅵ-128

배고픈 사람들을 위한 분배정의(分配正義)의 실현과 더불어
정신적 가치나 명분을 위해 쓸데없이 낭비되는 돈(전쟁에 들어가는 돈이나 종교 활동에 들어가는 돈 따위)을 줄여 국민 복지비로 전용해나
가되, 일부러 다 같이 배고픈 상태로 만들 필요는 없다. 개
인주의와 이타주의가 사이좋게 공존할 때, 진짜로 이타적
인 행위가 가능해진다는 사실을 알아야 한다.

Ⅵ-129

참된 지성이란 무엇보다도 '현재 상황에 대한 솔직한
느낌'으로부터 출발해야 한다는 사실에 유념할 필요가
있다. '당위적(當爲的) 논리'는 아무런 도움도 주지 않는다.

Ⅵ-130

'변덕'과 '변절'은 엄연히 다른 것이다. 우리는 역사나
조상 또는 전통적 가치관에 대한 집착에 대해 얼마든지
'변덕'을 부릴 자유가 있다. 한 개인으로 봐도 자신의 기존
가치관에 대해 얼마나 떳떳하게 '변덕'을 부릴 수 있느냐
에 따라 발전과 퇴보가 엇갈리게 된다.

Ⅵ-131

다원주의적 가치관과 개방적 사고는 바로 '자유'와 '야함' 두 개념에서 나온다. 조선조 오백 년 간 계속된 유교독재와 해방 후 수십 년 간 계속된 군부독재에 의해 유린된 우리 사회가 융통성과 유연성을 갖도록 해주고, 꽉 막힌 사회 분위기에 숨통을 틔워줄 수 있는 것이 바로 야한 정신으로 무장된 가치관이다.

Ⅵ-132

나는 우리가 남북통일을 이루기 위해서는 남쪽만이라도 하루빨리 완벽한 자유주의 문화가 이루어져야 한다고 확신한다. 그렇게 되면 미니스커트나 청바지만 보고서도 '신선한 충격'을 받을 것이 분명한 북한 동포들의 개안開眼이 보다 빨리 이루어질 수 있으리라 생각되기 때문이다.

'자유' 앞에는 장사壯士가 없다. 김일성 주체사상 쯤은 상대도 안 된다. 그래서 나는 대한민국의 문화정책이 아직도 '표현의 자유'에 인색한 것이 미치도록 안타깝다.

고독을 이기려면 우선 '사랑'에 대한 헛된 꿈을 버려야
한다. 완전한 사랑도 없고 남녀 간의 완벽한 궁합도 없고
진짜 오르가즘도 없다. '오르가즘'이란 말은 의사들이 만
들어낸 허망한 신기루에 불과할 뿐이다.

사랑의 기쁨에 들떠 있는 사람을 부러워하지 말자. 미혼
의 남녀라면 기혼자들이 떠벌여대는 남편 또는 아내 자랑
이나 자식 자랑에 속지 말고, 기혼 남녀라면 남들의 가정
생활과 자기의 가정생활을 비교하지 말자.

사람들은 다 거짓말쟁이요 허풍쟁이이다. 다 불쌍한
'자기 변명꾼'들이다. 믿을 사람은 오직 자기밖에 없다. 물
론 혼자서 살아나가려면 뼈아픈 고독을 감수해야 한다.
그렇다고 해서 기혼자들이 고독을 덜 느끼는 것은 아닌 것
이다.

결혼을 하지 말라는 말이 아니다. 결혼하든 결혼 안 하
든, 모든 사랑은 결국 나르시시즘적 자위행위에 불과하다
는 사실을 미리 알아두라는 말이다.

취미생활이나 일로 고독을 풀어도 좋고 그냥 가만히 앉
아 시간을 때워나가도 좋다. 이래도 외롭고 저래도 외롭
다. 그때 그때 슬피 울어 고독을 달래도 좋고 술에 취하여

허망스레 웃어도 좋다. 요컨대 '완전한 사랑'은 없다는 사실을 명심해야 한다. 다시 말해서 '희망'을 갖기보다는 '절망'을 택하라는 말이다.

절대로 계산해서는 안 된다. 연애하고 싶으면 연애하고 결혼하고 싶으면 결혼하라. 자식을 낳고 싶으면 낳고 낳기 싫으면 낳지 말라.

사회명사들이 잘난척 하며 써 갈기는 '행복론' 따위는 읽기도 전에 찢어버려라. 다들 자기변명이요 대리만족일 뿐, 믿을만한 '고독의 근치根治 처방'은 없다. 그것은 종교 역시 마찬가지다. 의사도 믿지 말라. 정 외롭거든 술이나 담배를 자학적으로 마시고 피우면서 시간을 달래나가라.

자살할 용기가 있으면 자살해도 좋고, 바람 피울 용기가 있으면 바람을 피워도 좋다. 아무튼 뻔뻔스럽게 운명, 아니 신神의 '심술'과 맞서나가야 한다.

'고독'이란 결국 '의타심依他心'에서 온다. 의타심을 완전히 버릴 수만 있다면 우리는 고독으로부터 당당하게 자유로워질 수 있다.

절대로 '밑지는 사랑'을 하지 말라. 사랑을 하려거든 이기적인 자세로 빼앗는 사랑만 하라. 그것은 자식에 대해서도 마찬가지다.

Ⅵ-134

종교는 그것이 거대 종교든 유사 종교든, 무조건 다 미신이다. 기독교인들은 미신에 빠져들지 말라고 건방진 말투로 충고하곤 하는데, 그네들 자신이 이미 미신에 빠져 있다는 것을 모르고 있다. 이것은 불교나 이슬람교나 다 마찬가지다. 종교는 일종의 아편이다.

Ⅵ-135

만약 인간이 초자아超自我가 주는 각종 도덕적 편견을 벗어버리고, 또는 초자아를 이용하여 각종의 윤리적 규제로써 민중을 억압하는 일체의 기성 질서나 종교, 정치이념들을 무너뜨리고 리비도libido의 자유롭고 원활한 충족을 이룰 수만 있다면, 거기에서 생산되는 예술은 지금까지 우리가 보았던 예술과는 전혀 차원이 다른 것이 될 것이다.

즉 본능의 은폐나 허위의식 없이 직접적으로 인류 전체의 행복과 쾌락을 위해 기여할 수 있는, 동물적 욕구의 카타르시스를 목적으로 하는 예술 형태로 말이다. 이를테면 센세이셔널리즘이 아닌 진정한 에로티시즘 형태의 예술 같은 것을 말한다.

Ⅵ-136

나는 이데올로기의 폐해와 독선적인 종교의 독단이 가져다 준, 같은 인류 간(間)의 상쟁사(相爭史)에 혐오감을 품는다. 그러면서도 나 역시 지식인인 탓인지 내 나름대로의 이데올로기 비슷한 것을 갖게 되었다. 그것은 유미적 쾌락주의에 바탕을 둔 복지지상주의(福祉至上主義)다.

Ⅵ-137

내가 『주역(周易)』을 40년 넘게 공부한 이유는, 그것이 운명론적 결정론에 바탕을 두고 있지 않다는 점에 있다. 주역 점(占)을 치는 것은, 평생 운수나 일 년 신수 같은 것을 대상으로 하기보다는 그때 그때 닥친 절체절명의 난사(難事)를 해결하기 위한 것이다.

Ⅵ-138

'체념'이라고 하면 퍽 소극적이고 퇴영적인 사고방식으로 보는 것이 보통이지만, 내 생각엔 그렇지 않다. 거칠고 험난한 이 세상을 살아나가는 데는 무조건 진취적이고 상향적인 사고방식보다 모든 것을 담담히 받아들여 체념하는 자세가 더 소중하다. 나는 '체諦'를 '진정한 깨달음'의 뜻으로 사용하고 있다. 있는 그대로의 나 자신을 받아들이는 것이야말로 진정한 행복의 지름길이다.

Ⅵ-139

내가 존경하는 중국 춘추전국시대의 철학자 양주楊朱의 말—"설사 내 몸의 털 한 오라기만 뽑으면 이 세상을 구원할 수 있다고 할지라도 나는 절대로 털을 뽑지 않겠다." 이 얼마나 솔직한 개인주의인가.

Ⅵ-140

히틀러는 쿠데타 등의 정변을 일으켜 불법적으로 집권한 게 아니다. 그는 선거를 통해 어엿하게 정권을 틀어잡았다. 이런 예에서 보듯이, 민주주의는 자칫하면 중우정치衆愚政治로 돌변할 여지가 많다. 그런 점에서 볼 때, 나는 국민 직선에 의해 대통령에게 과다할 정도의 권력을 주는 대통령중심제보다는 내각책임제를 지지한다.

VII
마광수의 미술관

예술은 '위압적威壓的 양심'과 '격노激怒하는 본능'을
비폭력적으로 중재하는 유일한 수단이다.

"손으로 비비고 문지르며 나이프로 긁어댈 수도 있는 캔버스 작업은 내게 진
짜로 시원한 카타르시스를 선물해주었다. 그림이 잘되고 못되고를 떠나 우선
나 스스로 카타르시스의 즐거움을 맛보기 위해 붓을 휘둘러대었는데, 그러다
보니 캔버스 작업은 대부분 즉흥성에 의존한 것들이 많다."

太陽 빛이 너무 뜨거워 雨傘을 쓰니까 비가 온다.

Ⅶ-2

아이들은 야하다.

VII-3

비는 하늘에서 쏟아지는 것이 아니라 雨傘 속에서 쏟아
진다. 陸橋 위에서 우산을 받고 가는 내 마음에 비는 내려
서, 내려서 쌓여 陸橋를 흥건히 悲哀로 적시운다.

Ⅶ-4

사랑은 자신을 자신 이상의 존재로 격상시킨다.

사랑은 자신을 자신
이상의 존재로 격상시킨다

마광수

VII-5

감나무에 올라가다 떨어지는 것보다는 감이 떨어지는 걸 기다리는 게 낫다.

Ⅶ-6

그녀는 날아갔네.

어려운 철학 책을 보느니 차라리 만화를 보는 게 낫다.

VII-8

거꾸로 본 세상은 아름답다. 나무들도 더 파랗고 女人들
도 더 예쁘다.

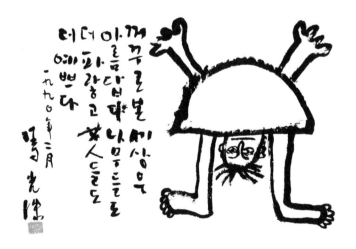

VII-9

술 한 병에 오징어 안주 있으니 別有天地非人間일세.

Ⅶ-10

손톱을 길게 기른 여자는 손톱이 부러질까봐 절대로 남을 할퀴지 않아용.

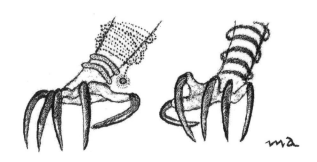

Ⅶ-11

새처럼 날고 싶다.

Ⅶ-12

별을 따다가

내 愛人

귀걸이

만들어 줘야지

그리고

그 귀에 코 박고

키쓰해야지

그리고

結婚해야지

Ⅶ-13

아이스BAR를 깨물어 먹지 않고
핥아먹는 女子는 官能的인 女子

Ⅶ-14

마음만 편하게 가지면 인생은 잘 굴러가게 되어 있다.

Ⅶ-15

자유가 너희를 진리케 하리라.

VII-16

인생은 팽이처럼 돌고 또 돈다.

밤엔 포르노 보고 낮엔 윤리 강조하고.

쫓아오는 햇빛인데 지금 敎會堂 꼭대기 十字架에 걸리었습니다. 尖塔이 저렇게 높은데 어떻게 올라갈 수 있을까요. 鐘소리도 들려오지 않는데 휘파람이나 불며 서성거리다가 괴로웠든 사나이 예수 그리스도에게처럼 十字架가 許諾된다면 목아지를 드리우고 꽃처럼 피어나는 피를 어두워가는 하늘 밑에 조용히 흘리겠습니다.

尹東柱의 詩를 馬光洙는 쓰다

VII-19

나는 파트너가 필요해 혼자서 춤추기는 정말 외로워.

VII-20

　시대가 혼란스러워도 사랑은 인내하는 마음이고, 애틋
한 기다림이다.

Ⅶ-21

봉건윤리를 척결하자!

VIII
약력

다 나처럼 되라는 것이 아니다.
나 같은 사람도 있다는 것이다.

『즐거운 사라』 필화 사건

1991년 8월 25일 『즐거운 사라』 초판 출간(서울문화사)
1991년 9월 10일 『즐거운 사라』 판매금지
1992년 8월 28일 『즐거운 사라』 개정판 출간(청하출판사)
1992년 10월 29일 『즐거운 사라』 외설 시비로 검찰에 구속(세계 최초)
1992년 10월 30일 문화부 『즐거운 사라』 판매 금지 처분
1992년 12월 28일 1심에서 징역 1년에 집행유예 2년 판결
1994년 7월 13일 2심 항소심에서 항소 기각 판결
1995년 6월 16일 3심 대법원에서 상고 기각 및 유죄 확정
1995년 6월 17일 연세대학교 해직
1998년 3월 13일 김대중 정부에 의해 사면 · 복권
1998년 5월 1일 연세대학교 교수 복직
2007년 4월 10일 홈페이지에 『즐거운 사라』 게재, 벌금 판결(200만 원)

1951년	한국전쟁 1.4후퇴 때 잠시 머문 경기도 수원에서 출생
1963년	청계 초등학교 졸업
1969년	대광 중고등학교 졸업
1973년	연세대학교 국어국문학과 졸업(문학사)
1975년	연세대 대학원 국문학과 졸업(문학석사)
	연세대, 한양대, 강원대 등 대학 강사 역임
1979년	홍익대학교 국어교육학과 전임강사 취임
1980년	시집『광마집狂馬集』(심상사)
1982년	홍익대학교 조교수로 승진
1983년	연세대 대학원 박사과정 졸업(「윤동주 연구」로 문학박사)
1984년	학위논문『윤동주 연구』(철학과현실사)
	연세대학교 국문학과 조교수로 취임
	시집『귀골貴骨』(평민사)
1985년	문학이론서『상징시학』(철학과현실사)
1986년	문학이론서『심리주의 비평의 이해』(청하출판사)
1987년	문학이론서『시창작론』(방송통신대학 출판부)
	평론집『마광수 문학론집』(청하 출판사)
1989년	에세이집『나는 야한 여자가 좋다』(북리뷰)
	시집『가자 장미여관으로』(자유문학사)

1990년	장편소설『권태』(책마루)
	에세이『사랑받지 못하여』(행림출판사)
	장편소설『광마일기狂馬日記』(북리뷰)
1991년	전시회〈마광수, 이목일, 이외수, 이두식 4인의 에로틱 아트 전〉(나우갤러리, 서울)
	문화비평집『왜 나는 순수한 민주주의에 몰두하지 못할까』(사회평론사)
	장편소설『즐거운 사라』(서울문화사, 보름 만에 판매 금지)
1992년	에세이『열려라 참깨』(행림출판사)
	장편소설『즐거운 사라』(개정판, 청하출판사, 외설논란으로 구속)
1993년	연세대학교 직위해제
1994년	전시회〈마광수 개인전〉(다도화랑, 서울)
	장편소설『즐거운 사라』일본어판 출간(한국소설 최초의 베스트셀러).
	문화비평집『사라를 위한 변명』(열음사)
1995년	마광수 관련서적『마광수는 옳다』(연세대 국문학과 학생회, 사회평론사)
	연세대학교 해직
	에세이『비켜라 운명아 내가 간다』(오늘의책)
1996년	장편소설『페티시 오르가즘』(아트블루)
1997년	에세이『성애론性愛論』(해냄출판사)
	문학이론서『시학詩學』(철학과현실사)
	문학이론서『카타르시스란 무엇인가』(철학과현실사)
	시집『사랑의 슬픔』(해냄출판사)
1998년	장편소설『첫사랑』(북리뷰)
	사면복권, 연세대 복직
	에세이『자유에의 용기』(해냄출판사)
1999년	에세이『인간』(해냄출판사)
2000년	장편소설『알라딘의 신기한 램프』(해냄출판사)
	교수들의 집단 따돌림으로 인한 교수 재임용 탈락 소동
	우울증으로 3년 6개월 간 연세대 휴직
2001년	문학이론서『문학과 성性』(철학과현실사)
2003년	마광수 관련서적『마광수 살리기』(강준만 외 6인, 중심출판사)
2005년	에세이『자유가 너희를 진리케 하리라』(해냄출판사)
	장편소설『광마잡담狂馬雜談』(해냄출판사)
	전시회〈마광수 미술전〉(인사갤러리, 서울 인사동)
	장편소설『로라』(해냄출판사)
2006년	전시회〈마광수, 이목일 전〉(롯데마트 갤러리, 일산)
	시집『야하디 얄라숑』(해냄출판사)

문학이론서 『삐딱하게 보기』(철학과현실사)

에세이 『마광쉬즘』(인물과 사상사)

장편소설 『유혹』(해냄출판사)

2007년   전시회 〈색色을 밝히다 전展〉(북스 갤러리, 서울 인사동)

시집 『빨가벗고 몸 하나로 뭉치자』(시대의창)

전시회 〈마광수 개인전〉(뉴욕 Maxim 화랑)

에세이 『나는 헤픈 여자가 좋다』(철학과현실사)

문화비평집 『이 시대는 개인주의자를 요구한다』(새빛에듀넷)

2008년   문화비평집 『모든 사랑에 불륜은 없다』(에이원 북스)

단편소설집 『발랄한 라라』(평단문화사)

중편소설 『귀족』(중앙북스)

2009년   문화비평서 『연극과 놀이정신』(철학과현실사)

소설집 『사랑의 학교』(북리뷰)

전시회 〈마광수 전展〉(순수 갤러리, 서울 청담동)

2010년   시집 『일평생 연애주의』(문학세계사)

2011년   장편소설 『돌아온 사라』(아트블루)

전시회 〈소년, 광수 전展〉(산토리니 서울 갤러리, 서울 서교동)

에세이 『더럽게 사랑하자』(책마루)

전시회 〈마광수 개인전〉(갤러리 연, 서울 삼청동)

화문집畵文集 『마광수의 아포리즘 낙서 화첩—소년 광수의 발상』(서문당)

전시회 〈마광수, 변우식 2인전〉(가가 갤러리, 서울 인사동)

아포리즘집 『마광수의 뇌 구조』(오늘의책)

현재 연세대학교 문과대학 국어국문학과 교수

저자 홈페이지 : www.makwangsoo.com

마광수의 뇌 구조

1판 1쇄 2011년 8월 20일

지 은 이 마광수

발 행 인 박영철
발 행 처 오늘의책
주　　소 서울시 마포구 서교동 377-26번지 1층
대표전화 322-4595
팩시밀리 322-4597
출판등록 1996년 5월 25일 (제10-1293호)

이 메 일 tobooks@naver.com

ISBN　978-89-7718-325-4　03100